本书受首都高校党建研究基地资助

建功新时代

刘佳 著

中国共青团改革再出发

人民日报出版社

北京

图书在版编目（CIP）数据

建功新时代：中国共青团改革再出发/刘佳著. —北京：人民日报出版社，2022.4
ISBN 978-7-5115-7386-5

Ⅰ.①建… Ⅱ.①刘… Ⅲ.①中国共产主义青年团—共青团工作—工作制度—研究 Ⅳ.①D297

中国版本图书馆CIP数据核字（2022）第100380号

书　　名：	建功新时代——中国共青团改革再出发 JIANGONG XINSHIDAI ——ZHONGGUO GONGQINGTUAN GAIGE ZAICHUFA
作　　者：	刘　佳
出 版 人：	刘华新
责任编辑：	刘天一
封面设计：	中尚图
出版发行：	人民日报出版社
社　　址：	北京金台西路2号
邮政编码：	100733
发行热线：	（010）65369527　65369846　65369509　65369512
邮购热线：	（010）65369530
编辑热线：	（010）65369844
网　　址：	www.peopledailypress.com
经　　销：	新华书店
印　　刷：	大厂回族自治县彩虹印刷有限公司
法律顾问：	北京科宇律师事务所010-83632312
开　　本：	710mm×1000mm　1/16
字　　数：	143千字
印　　张：	13.25
版次印次：	2023年4月第1版　2023年4月第1次印刷
书　　号：	ISBN 978-7-5115-7386-5
定　　价：	42.80元

序　言

　　百年大党，恰是风华正茂。百年大团，正值青春年华。

　　2022年10月，举世瞩目的中国共产党第二十次全国代表大会在北京胜利召开。党的二十大报告指出"青年强，则国家强。当代中国青年生逢其时，施展才干的舞台无比广阔，实现梦想的前景无比光明。全党要把青年工作作为战略性工作来抓，用党的科学理论武装青年，用党的初心使命感召青年，做青年朋友的知心人、青年工作的热心人、青年群众的引路人。广大青年要坚定不移听党话、跟党走，怀抱梦想又脚踏实地，敢想敢为又善作善成，立志做有理想、敢担当、能吃苦、肯奋斗的新时代好青年，让青春在全面建设社会主义现代化国家的火热实践中绽放绚丽之花"。共青团是党的助手和后备军，是做好党的青年工作的战略性力量。立足新时代新征程，中国共青团须坚定不移深化改革，为全面建设社会主义现代化国家、全面推进中华民族伟大复兴凝聚青春力量。

　　2022年是中国共产主义青年团成立100周年，这是全国团

员青年的一件喜事,也是国际青年运动史上的一件大事。1919年5月4日,北洋政府在"巴黎和会"遭遇外交失败,北平学生不顾人身安危,毅然举起"外争主权,内除国贼""还我山东,还我青岛"的大旗,喊出了救亡图存的时代心声,表达了中国青年的义愤填膺。伟大的五四运动孕育形成了以爱国主义为核心内容的伟大五四精神,中国青年第一次以群体形象进入现代中国政治生活的舞台中央,中国青年运动掀起了崭新一页。

1922年5月5日,不满1周岁的中国共产党亲自创建了更为年轻的中国社会主义青年团。5月5日是马克思的诞辰日,团的一大选择在这一天召开,以此宣誓青年团将高举马克思主义的思想旗帜,同中国共产党一道,为实现中华民族伟大复兴而接续奋斗。中国社会主义青年团的创建是中国青年运动史上的一座里程碑,它表明中国青年在马克思主义政党及其青年组织的领导下彻底结束了相对分散、一盘散沙、组织无力的局面,青年人开始逐步摆脱个体利益的束缚和牵绊,将个体前途命运与国家前途命运结合起来,在国家和时代发展的双重坐标下重新设定个人发展的时空向量。一个充满力量、蕴含无限可能的共青团在古老的东方大国应运而生。历史和实践充分证明,中国青年是实现中华民族伟大复兴的先锋力量,中国共产党是中华民族伟大复兴先锋力量的锻造者,中国共青团是实现中国青年组织化行动和全面性发展的组织基础。

中国共青团已经走过了100多年的光辉历程。在新民主主义革命时期,中国共青团在党的领导下浴血奋战,同武装的反革命进行英勇斗争,组织开展各领域、各层级的青年运动,不断扩大青年统一战线,精心培养青年革命力量,积极从事马克

序　言

思主义宣传教育，为党源源不断输送新鲜血液，在中华人民共和国的奠基大业上留下了中国青年的奋斗印记。在社会主义革命和建设时期，中国共青团积极响应党的号召，团结带领广大青年全面投身政权巩固、"三大改造"、五年计划、工业化战略等重大治国理政议程，在抗美援朝的烽火线、在田间地头的第一线、在工矿企业的生产线、在学校教育的主干线，都能看到鲜艳的团旗高高飘扬，都能看到"青年突击队"忘我的身影。在改革开放和社会主义现代化建设新时期，中国共青团坚决贯彻落实党中央决策部署，坚持党建带团建优良传统，聚焦经济建设这个中心工作，推进共青团工作改革创新，发挥共青团组织优势，引导更多青年参与社会主义现代化建设事业，一代又一代青年在党的教育和团的引领下成长为中国特色社会主义的中坚力量、骨干力量。

党的十八大以来，中国特色社会主义进入新时代，中国共青团事业进入新的历史发展阶段。习近平总书记关于青年工作的重要思想，深刻阐明了党的青年工作的地位作用、目标任务、职责使命、实践要求；深刻回答了新时代培养什么样的青年、怎样培养青年，建设什么样的共青团、怎样建设共青团等方向性、全局性、战略性重大课题，把我们党对青年工作的规律性认识提升到了新的高度，为做好新时代党的青年工作指明了前进方向、提供了根本遵循。① 习近平总书记关于青年工作的重要思想是习近平新时代中国特色社会主义思想的重要组成部分，

---

① 王沪宁：《乘新时代东风　放飞青春梦想——在中国共产主义青年团第十八次全国代表大会上的致辞》，《人民日报》2018年6月27日。

是引领新时代中国青年运动和共青团事业的科学理论武器、光辉思想旗帜和强大精神力量。

新时代共青团工作发生历史性变革、取得历史性成就。党中央召开党的历史上第一个群团工作会议,对包括共青团在内的群团组织改革作出全面部署,出台群团改革总体方案和指导性意见,党中央多次审议共青团改革文件;出台新中国历史上第一个青年发展中长期规划,从十个方面确定了促进青年发展的目标任务、政策举措,将促进青年发展纳入国家发展战略框架;全面推进党的青年工作理论创新,首次提出党管青年重要原则,深化中央团校改革,建立团属青年政策智库,共青团理论研究学科化进程明显加快;构建中国共产党青年工作制度体系,团内规章制度建设取得重大进展,支撑新时代共青团工作的制度体系和四梁八柱基本形成,全面从严治团推动共青团面貌焕然一新。

回顾中国共青团百年辉煌历史,我们可以得出如下重要历史启迪。第一,中国共青团是中国共产党亲自缔造的马克思主义青年群团组织,是中国共产党的助手和后备军,是中国青年在实践中学习共产主义的大学校,中国共青团必须毫不动摇坚持党的全面领导,坚持党管青年原则是中国共青团的建团之基、立团之本、强团之魂。第二,中国共青团要把坚持党的领导与坚持以青年为中心统一起来,不断扩大共青团在青年群众中的影响力、组织力、服务力、号召力,努力做青年之友,让共青团成为支持青年成长发展的"大后方",成为青年群众的温馨港湾。第三,中国共青团必须坚持以改革创新精神推进组织重塑,以"强三性""去四化"为改革导向,突出问题意识,强化底线

序　言

思维，补齐基层短板，提升共青团服务青年群众的专业化能力。第四，中国共青团必须加强青年政策能力建设，推动各层级青年发展规划和政策落到实处，加强同党政机关、企事业单位、市场主体、其他群团组织的政策沟通，形成推动青年发展的强大政策合力。第五，中国共青团必须以"严"和"实"的精神持续深化全面从严治团，从严从实管理团的干部，破除官本位思想，持之以恒正风肃纪，保持团干部同青年群众的密切联系。第六，中国共青团必须加强理论建设，增强理论创新能力，充分发挥各级团校和团属青年智库学科优势及智力优势，全面系统地阐释习近平总书记关于青年工作的重要思想，深化当代中国马克思主义青年观研究，推动共青团学科建设。

党的十九届六中全会通过的《中共中央关于党的百年奋斗重大成就和历史经验的决议》强调"党和人民事业发展需要一代代中国共产党人接续奋斗，必须抓好后继有人这个根本大计"。后继有人，青年为要。作为世界上最大的马克思主义政党青年组织，中国共青团始终把为党育人、为国育才作为神圣职责，把锻造实现中华民族伟大复兴的先锋力量作为光荣使命。本书坚持历史逻辑、理论逻辑与实践逻辑相统一，中国视野、时代视野和全球视野相贯通，展现新时代以来以习近平同志为核心的党中央领导推进中国共青团改革发展的光辉历程，展现党的十八大以来中国共青团改革取得的历史性成就，发生的历史性变革。

本书除序言和结束语、后记外，共由五个部分组成，按照共青团改革的历史逻辑、时代方位、思想指引、基本原则和实践方略等内容依次展开。第一章阐述中国共产党亲自缔造中国

共青团的历史,以及中国共青团在党的领导下逐步成长发展的历史进程,回顾党的十一届三中全会以来共青团改革的基本历程和宝贵经验。第二章阐述中国特色社会主义进入新时代是中国共青团改革发展的新的历史方位,论述新时代共青团改革的时间表、路线图以及标志性事件。第三章结合习近平总书记系列重要讲话精神和中央有关文件,对中国共产党推进新时代共青团改革发展的基本思想与实践方略进行系统阐释。第四章提出新时代共青团改革必须坚持党管青年、树立系统观念、促进青年发展等重要原则。第五章立足中华民族伟大复兴战略全局,对共青团改革再出发的重大理论与实践问题进行讨论,多维度揭示新时代共青团改革的主攻方向、战略价值和实践逻辑。

奋斗的青春最美丽。全面建设社会主义现代化国家新征程已经开启,中国共青团踏上新的"赶考路"。我们坚信,有以习近平同志为核心的党中央坚强领导,有习近平新时代中国特色社会主义思想的理论指引,有全体中国青年的接续奋斗,中国共青团必将在中华民族伟大复兴的新征途中书写出新的青春篇章,中华民族伟大复兴的中国梦一定能够在中国青年的接续奋斗中变成现实。

谨以此书献给中国共青团百年华诞!

目 录

第一章 中国共青团改革的历史大视野 …………………… **001**
 一、党旗所指，团旗所向 ………………… 003
 二、顺应时代，改革驱动 ………………… 011
 三、共青团改革的辩证法 ………………… 018
 四、新时代共青团改革的政治理性 ………………… 021

第二章 新时代中国特色社会主义与中国共青团 ………… **027**
 一、新时代与新方位 ………………… 029
 二、路线图与时间表 ………………… 048
 三、新使命与新挑战 ………………… 053

第三章 新时代中国共青团改革的理论逻辑 …………… **059**
 一、思想探源 ………………… 061
 二、总体方略 ………………… 066
 三、思想价值 ………………… 075

第四章　新时代中国共青团改革的基本原则 ……………… 079

一、坚持党管青年：共青团改革的根本遵循 ……… 081

二、树立系统观念：共青团改革的逻辑链条 ……… 093

三、促进青年发展：共青团改革的价值主脉 ……… 104

第五章　中华民族伟大复兴与共青团改革再出发 ………… 121

一、靶向推进：全面深化共青团改革 …………… 123

二、去行政化：共青团何以回归青年 …………… 135

三、话语创新：共青团何以引领青年 …………… 147

四、治理能力：共青团何以应对风险 …………… 159

五、四梁八柱：共青团何以建章立制 …………… 176

六、从严治团：共青团何以自我革命 …………… 185

结束语　以青春之我创建青春之国家 ……………………… 195

后　记 ………………………………………………………… 199

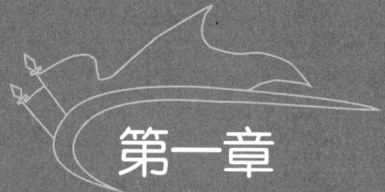

第一章

中国共青团改革的历史大视野

  自1978年党的十一届三中全会以来，党中央进一步设计规划了执政路线图，以经济建设为中心，推动建立社会主义市场经济体制成为20世纪后20年中国共产党治国理政的重点任务。经济体制转型推动社会转轨。在社会转型的十字路口上，共青团一方面坚守着由革命年代延续至今的精神高地，另一方面在市场浪潮的冲击下却显得无奈和无助，共青团自身的"四化"问题被党中央一针见血地点出，共青团改革的命题呼之欲出。2015年，中央群团工作会议的召开和印发《中共中央关于加强和改进党的群团工作的意见》、2016年中共中央办公厅印发《共青团中央改革方案》，为新时代共青团改革与发展指明了方向。事实上，中国共产党对共青团改革创新的引领和推动从1978年延续至今，由于历史时期不同，共青团改革的重点不同，执政党对共青团改革创新的强度和阐释角度也不同。回归历史的深处，把握中国共青团改革的历史大视野，这是定位新时代共青团改革战略重心，锚定未来共青团改革主攻方向的基本前提。

第一章　中国共青团改革的历史大视野

一、党旗所指，团旗所向

纵观人类社会历史发展的长河，从史前的远古文明到近代的工业文明，从对自然界的无限敬畏和崇拜到对自然界的驾驭和征服，我们可以透过这漫长的历史岁月清晰地看到，人类社会历史发展的走向总是呈现"三角函数曲线"的样态，波浪式前进，曲折式发展，在人类社会发展进步的时间通道上无限地延伸着。追求人的主体性的自我复归和国家的现代化是人类社会历史发展的两个永恒主题。前者是从个体角度而言的，探寻人的本真和人的价值；后者是从社会历史角度而言的，为实现国家的振兴繁盛寻找一种可行的路径，同时也为寻找个人的本真和价值创造条件。社会历史，不外乎是人通过劳动而创造的历史，不外乎是个体与集体、社会与国家、思想与现实、理论与实践相互作用、彼此互动的结果。

让我们把目光从人类历史发展的大视野中拉回到世界的东方古国。自1840年鸦片战争以来，曾经一度被域外国家称为"中华帝国"的古老中国，经历着一场攸关中华民族生死存亡的艰难挣扎和苦苦抗争。西方殖民主义列强用"船坚炮利""资本输出""文化入侵"等硬武器和软武器，撕裂中国传统的社会结构、价值观念和文化传统，将古老的中国卷入资本主义世界市场之中。根据马克思的理论，资本具有扩张性，资本的力量

也是极其巨大的,世界市场的形成是资本全球性扩张的必然结果,也是资本主义发展到高级阶段的现实形态。从这一点来说,古老中国被卷入世界市场有其历史的必然性。从思想文化运动的角度来看,高级的文明形态必然征服低级的文明形态,先进的思想文化必然吸纳落后的思想文化。当中国的农业文明与西方国家的工业文明相互碰撞的时候,其结果可想而知:古老的中国沦为西方资本主义国家殖民扩展行动的一块肥肉。面对列强的入侵和瓜分,面对封建统治者的腐朽和无能,中国的仁人志士和广大青年以强烈的历史责任感为古老中国找寻复兴强盛的"救国方案"。然而不幸的是,农民阶级的救国方案、资产阶级改良派的救国方案、资产阶级革命派的救国方案都在实践中一一宣告失败。中国,这个具有5000多年悠久历史的文明古国,未来将走向何方,考验着中国人的民族智慧。

十月革命的一声炮响为中国送来了马克思列宁主义。这就好像每天早上人们总能迎来新一天的朝阳一样,刚刚踏入20世纪,中国革命就迎来了新的曙光和希望。1921年7月,在浙江嘉兴南湖的一艘小船上,十几个青年人聚集在一起,他们不是在船中品茶赏景,而是怀揣着马克思主义的信仰,抱着"改造旧中国、建设新中国"的信念聚集在一起,他们齐声喊出了革命的誓言——中国共产党诞生了!中国共产党的诞生是开天辟地的大事。从此,古老中国的面貌、中国革命的面貌和中国人民的面貌焕然一新。实现国家富强、民族振兴、人民幸福的重担就历史性地落在了中国共产党的身上!

青年是推动社会进步的历史性力量,无产阶级政党要重视青年群众所蕴含的巨大能量,要通过一系列的教育引导和组织

第一章　中国共青团改革的历史大视野

动员等手段，将青年群众凝聚在党的周围，使无产阶级的革命事业在青年群众的接续奋斗中薪火相传。正如恩格斯在谈及德国工人运动时所指出："实现这一变革的将是德国的青年。但是这种青年不应该在资产阶级中去寻找。德国的革命行动将从我们的工人当中开始。"① 中国共产党自诞生之日起，就依据马克思主义党建理论、根据党所处的社会环境和中国革命的具体实际，着手建立党的青年工作的外围组织——中国社会主义青年团。1922年5月5日，中国社会主义青年团② 第一次全国代表大会在广州召开，大会选举了团中央领导机构，通过了《中国社会主义青年团纲领》《中国社会主义青年团章程》《青年工人农人生活状况改良的议决案》《关于政治宣传运动的议决案》《关于教育运动的议决案》《中国社会主义青年团与中国各团体的关系之议决案》等文件。③《中国社会主义青年团纲领》指出："中国

---

① 《马克思恩格斯全集》（第2卷），北京：人民出版社1995年版，第629页。
② 1921年7月，中国共产党正式成立后，立即着手正式建立中国社会主义青年团。1922年5月，在党的直接关怀和领导下，中国社会主义青年团在广州召开第一次全国代表大会，成立了全国统一的组织。1925年1月，中国社会主义青年团第三次全国代表大会决定将中国社会主义青年团改名为中国共产主义青年团。1936年11月，为团结一切抗日青年，共同反对日本帝国主义的侵略，党决定将共青团组织改造成为民族解放性质的抗日救国的青年团体。抗日战争胜利后，为适应人民解放战争形势和任务的需要，党中央在1946年9月提议建立民主青年团，并且在解放区开展试建青年团工作。1949年元旦，党中央作出建立中国新民主主义青年团的决议。1949年4月，在党中央的关怀领导下，召开了新民主主义青年团第一次全国代表大会，最后完成了青年团组织的重建工作。此后，青年团跟随中国共产党进入新民主主义向社会主义过渡和社会主义建设时期。1957年5月召开的中国新民主主义青年团第三次全国代表大会决定把团的名称改为中国共产主义青年团。
③ 李玉琦主编：《中国共青团史稿（1922—2008）》，北京：中国青年出版社2010年版，第40页。

社会主义青年团为中国青年无产阶级的组织，即为完全解放无产阶级而奋斗的组织，换句话说，就是要建设一切生产工具收归公有和禁止不劳而食的初期共产主义社会。""中国社会主义青年团，一方面为改良青年工人、农人的生活状况而奋斗，并为青年妇女、青年学生的利益而奋斗；一方面养成青年革命的精神，使其向为解放一般无产阶级而奋斗的路上走。"中国共产主义青年团从创建之日起，就自觉地把马克思主义作为自己的行动指南，把青年群众的利益作为自己的利益，把党的奋斗目标作为自己的奋斗目标，主动融入中国共产党所领导的伟大的无产阶级革命事业之中，为实现民族独立和国家富强而奋勇拼搏，以"党有号召，团有行动"为主体内容的党团关系在革命实践中也慢慢形成并稳固下来。

历史和实践充分证明，中国共青团是中国共产党可靠的助手和后备军，共青团将广大青年聚集起来，汇聚成推动革命事业的强大力量；中国青年是中华民族伟大复兴的先锋力量，在波澜壮阔的人民解放事业中发挥着不可替代的重要作用。1939年，毛泽东在延安青年群众举行的五四运动20周年纪念大会上将中国青年比作"先锋队"，足见中国青年运动是中国无产阶级解放事业中不可或缺的重要一环，共青团作为中国青年运动的领导力量，作为中华民族伟大复兴先锋力量的锻造者，发挥着极其重要的作用。

1949年，中国共产党带领中国人民经过28年的浴血奋战，成立中华人民共和国，这是全国人民的伟大胜利，也是中国青年运动的伟大胜利。在新中国成立前夕，中国新民主主义青年团于1949年4月11—18日在北京召开了第一次全国代表大会。

第一章　中国共青团改革的历史大视野

中华人民共和国成立后,随着军事战事的逐渐结束,社会大局也趋于平稳,恢复国民经济和发展社会生产就成为这一时期党的中心任务。1953年6月23日至7月23日,中国新民主主义青年团第二次全国代表大会召开。在这次会议上,毛泽东指出:"青年团要配合党的中心工作,但在配合党的中心工作当中,要有自己的独立工作,要照顾青年的特点。"① 毛泽东讲话的实质是共青团工作要顺应时代的发展和党的工作重心的调整,青年工作有自己的特点,要同党的工作、政府行政工作区别开来,突出共青团工作的特殊性和青年性。这也是新中国成立后党的最高领导人首次对加强和改进共青团工作提出明确要求。

1956年9月15—27日,中国共产党第八次全国代表大会在北京举行。大会科学地分析了社会主义时期社会的主要矛盾,制定了社会主义建设时期党和国家工作的一系列重大方针政策,提出了大力发展社会主义生产力的奋斗目标。这次会议上,党中央根据国内革命形势的变化和党的中心任务的调整,对共青团加强自身建设提出了要求:"青年团应该在党的领导下,在团员和广大青年群众中开展更加生动的思想工作和组织工作,克服某些团组织不注意采取适合青年特点的工作方式,不用说服教育方法去发扬青年群众的积极性和主动性的缺点。"② 大会还将党同青年团的关系写入修改后的《中国共产党章程》,"要求各级党组织应当密切地关怀青年团的思想工作和组织工作,领导

---

① 共青团中央、中共中央文献研究室:《毛泽东邓小平江泽民论青少年和青少年工作》,北京:中央文献出版社、中国青年出版社2000年版,第96页。
② 《刘少奇选集》(下卷),北京:人民出版社1985年版,第274页。

青年团用共产主义精神和马克思列宁主义的理论教育全体团员，注意保持青年团同广大青年群众的密切联系，并且经常注意青年团领导骨干的选拔"①。党团关系写入党的章程标志着党团关系的发展迈上了新的台阶，党对共青团的领导、关怀之责也被明确下来。

1978年5月4日，党中央发出通知决定召开团的十大，会议的主要任务是总结新中国成立以来中国青年运动的历史经验，制定今后共青团工作的方针任务。1978年10月16—26日，团的十大在北京召开。这次大会全面恢复了共青团的系统领导，团的领导体系和领导机构得到完善。尽管这次大会是在党的十一届三中全会前夕召开的，但十一届三中全会的一些精神在团代大会上已有所贯彻，所以这次大会的基本思想是正确的，对中国青年运动具有继往开来的意义。②

1978年12月13日，邓小平在中央工作会议闭幕会上发表了"解放思想，实事求是，团结一致向前看"的重要讲话。他在讲话中重申了实事求是是党的思想路线，是党的一切工作的根本遵循，"实事求是，是无产阶级世界观的基础，是马克思主义的思想基础。过去我们搞革命所取得的一切胜利，是靠实事求是；现在我们要实现四个现代化，同样要靠实事求是。不但中央、省委、地委、县委、公社党委，就是一个工厂、一个机关、一个学校、一个商店、一个生产队，也都要实事求是，都

---

① 《邓小平文选》(第1卷)，北京：人民出版社1989年版，第254页。
② 李玉琦主编：《中国共青团史稿（1922—2008）》，北京：中国青年出版社2010年版，第290页。

第一章 中国共青团改革的历史大视野

要解放思想,开动脑筋想问题、办事情"①。邓小平在讲话中还着重分析了改革开放进程中可能出现的新情况、新问题,提出了党面对新情况、新问题时的态度倾向和应对举措,"在实现四个现代化的进程中,必然会出现许多我们不熟悉的、预想不到的新情况和新问题。尤其是生产关系和上层建筑的改革,不会是一帆风顺的,它涉及的面很广,涉及一大批人的切身利益,一定会出现各种各样的复杂情况和问题,一定会遇到重重障碍"②。"实现四个现代化是一场深刻的伟大的革命。在这场伟大的革命中,我们是在不断地解决新的矛盾中前进的。因此全党同志一定要善于学习,善于重新学习。"③邓小平的这篇讲话,实际上指出了在改革开放条件下,中国共产党人应当高举什么样的思想旗帜,以一种怎样的精神状态,朝着什么样的目标前进的问题,实际上也成为随后召开的党的十一届三中全会的主题报告。

1978年12月召开的党的十一届三中全会具有伟大历史转折意义。这次会议将党和国家的工作重心转移到经济建设上来,作出改革开放的战略决策。以这次会议的召开为标志,中国正式踏上了真正意义上的现代化之路。共青团的改革发展是中国现代化工程的一个"子环",尽管与经济体制改革、政治体制改革、社会管理体制改革等"大块头"相比所占比重较小,但其价值不言而喻。这是因为几乎每一项体制改革都涉及"青年议题",青年是国家改革的生力军、参与者和受益者,共青团是党

---

① 《邓小平文选》(第2卷),北京:人民出版社1994年版,第143页。
② 《邓小平文选》(第2卷),北京:人民出版社1994年版,第152页。
③ 《邓小平文选》(第2卷),北京:人民出版社1994年版,第152-153页。

和政府联系青年的桥梁纽带，稳步推进共青团改革发展对于组织动员青年参与国家改革事业、增进青年对国家改革的认同、巩固改革开放条件下党执政的青年群众基础具有重要意义。

第一章　中国共青团改革的历史大视野

二、顺应时代，改革驱动①

现代化是不以人的意志为转移的历史潮流，它是现代政治文明发展的永恒命题。如何谋求和积累更多的现代化要素，以实现国家整体现代化，是当今世界任何一个执政党和政治家都必须反复思索的大事件。在改革开放40多年的宏大历史叙事中，"共青团改革"是不可忽略的篇章。一方面，共青团改革紧跟国家改革开放的脚步，现代国家构建推进到哪里，共青团改革就跟进到哪里，两者结构性联动、整体性推进；另一方面，共青团是国家治理体系的重要一极，共青团改革不仅有其自身的特殊逻辑和方法论，同时也映射着执政党国家治理的理念变迁和技术变革，无疑是当代中国现代化历史叙事的生动注脚。

历史的作用力与反作用力是共存的。中国共产党一方面以革命逻辑建立人民当家作主的现代国家；另一方面也构建起独立于政党体系以外的、完全不同于小农经济时代的新的社会权力结构和执政生态。在全面掌握国家政权的条件下，中国共产党必须完成从传统社会的革命逻辑向现代国家的执政逻辑转型，以更好适应现代化强国建设和执政党自身建设的现实需要。如

---

① 刘佳：《共青团改革40年：历史逻辑与改革方法论》，《中国青年社会科学》2018年第4期，第31—38页，人大复印资料全文转载。

果把国家现代化比喻为一首交响曲,共青团改革就是其中的一节美妙旋律,时而曲调急促,体现爆发力,时而绵延回荡,充满想象空间。

(一)启动共青团改革

第一阶段是 20 世纪 80 年代的共青团体制改革。1978 年,党的十一届三中全会后,中国正式进入以执政党主导推进的市场化改革时期,计划经济体制逐渐被商品经济所取代,以"单位制"为主体的传统社会权力关系逐渐瓦解,取而代之的是社会的自主性生长和公民意识的充分张扬。80 年代的经济体制改革,不仅具有解放和发展生活生产力、解决人民群众基本温饱问题的"物质意义",更对"政党—国家"关系和国家治理体制变革产生深刻影响。经济体制改革对中国共产党治国理政的制度性逻辑产生强烈外部性刺激,因此,具有了"经济基础决定上层建筑"的政治意义。伴随经济体制改革深入推进,党和国家政治体制改革也在 1987 年党的十三大上被正式提出,强调要划清党组织与群团组织之间的界限,群团组织应遵循所联系群众的实际特点独立自主地开展工作,更好地代表所代表联系群众的具体利益。

根据政治体制改革总部署,1988 年 5 月,共青团十二大提出未来一段时期要"积极稳妥搞好共青团体制改革",强调共青团体制改革"应着重围绕扩大团内民主、改革组织制度、克服行政化倾向、转变活动方式、增强基层活力、参与民主政治等

第一章 中国共青团改革的历史大视野

方面来进行"①。

1988年8月,共青团中央印发了经党中央书记处原则同意的《关于共青团体制改革的基本设想》,这是对团的十二大关于共青团体制改革思路的展开和细化。根据团中央设想,共青团体制改革包括以下内容。(1)明确共青团社会职能。即在建设有中国特色的社会主义实践中锻炼成为有理想、有道德、有文化、有纪律的一代新人,发挥党的助手和后备军作用;参与社会协商对话、民主管理和民主监督,承担政府委托的有关青年工作事务,指导和帮助青联、学联等青少年组织开展工作,发挥党和政府联系青年群众的桥梁和纽带作用;代表和维护青年的具体利益,全心全意为青年服务,发挥青年利益的社会代表作用。(2)更好地代表和维护青年的具体利益。即带领青年在为社会创造财富的同时,改善自己的物质文化生活;促进青年全面发展;及时了解和反映青年的愿望,使国家立法和行政部门充分考虑到青年的具体利益;在青年的具体利益、合理要求与政府、行政方面发生矛盾的时候,应该作为青年的代表与政府、行政部门协商,推动问题的解决;为青年当事人提供或寻求法律帮助;同危害青年的不良现象和违法行为作斗争,保护青年的健康成长;努力为团员的进步和成长创造良好条件,帮助团员解决实际困难。(3)参与社会协商对话。即建立协商对话制度,是我国社会主义民主政治建设的重大步骤。积极参与社会协商对话,应当成为社会主义初级阶段共青团的一项经常

---

① 共青团中央青运史档案馆编、胡献忠主编:《中国共青团历次全国代表大会概览》,北京:中国青年出版社2012年版,第510页。

性工作。(4) 改革团的组织制度。即要根据团的性质、特点进行，注重内部民主机制的形成，增强组织的战斗力。(5) 改革团的干部人事制度。即团的干部人事制度改革要克服行政化倾向，实行选举制、任期制和聘任制，创造有利于优秀人才脱颖而出的环境，使团的工作岗位真正成为有志青年施展才干的舞台。(6) 建立民主决策和民主监督机制。即要加强团的工作决策的民主化和科学化，建立团内民主监督机制，把共青团建设成为学习和实践社会主义民主的学校。(7) 转变活动方式，放开搞活基层。即要焕发基层团组织活力，使基层团组织在贯彻团的决议、实现团的任务的前提下，逐步做到"干部自选、工作自主、活动自决"。(8) 扩大团的活动经费来源。即共青团的经费应多渠道筹集，在保持现有行政拨款的同时，逐步扩大自筹经费的比重。(9) 理顺共青团与社会各方面的关系，确定共青团组织的法律地位。

1989年12月，中共中央印发《关于加强和改善党对工会、共青团、妇联工作领导的通知》，对党团关系、共青团职能定位、共青团在思想政治教育和社会事务管理中的作用、共青团自身建设等方面提出新要求，共青团体制改革在党中央集中统一领导下继续推进。

(二) 机关机构改革

第二阶段是20世纪90年代的共青团机构改革。此时的中国共产党对改革开放的规律、社会主义现代化建设的规律、市场化条件下共产党执政的规律有了更为深刻的认识。作为改革开放战略的"压舱石"，经济体制改革在1992年邓小平"南方

第一章 中国共青团改革的历史大视野

谈话"后再次被激活和放大,并且充分吸收了20世纪80年代经济体制改革的经验教训和学术界的研究成果。

1992年,党的十四大提出建立社会主义市场经济体制的改革目标,意味着中国共产党主导的社会主义现代化模式更加完备和成熟。充分发挥市场在资源配置中的基础性作用是市场经济的核心支撑要素,这就要求执政党理顺市场与公共权力机关的边界,规范党政机构的权力运行机制,使政治发展与经济发展彼此匹配、相互支撑。

为此,1993年党的十四届二中全会通过《关于党政机构改革的方案》,对党政机关和群团组织提出转变职能、理顺关系、精简高效的改革要求。1993年5月,团的十三大报告强调,"团的改革是推动团的建设的必要条件,必须以改革的精神加强团的建设"[①],而机关机构改革正是此时共青团改革的重要切入点。团中央机关根据社会主义市场经济发展需要,在内设机构改革上,进一步突出共青团的社会职能,撤销"研究室",增设"实业发展部"和"权益部"。这次团中央机构改革,对于优化共青团的权力配置,理顺共青团系统内部的青年工作机制和流程,强化共青团在市场经济体制下的社会支柱作用,具有重要意义。

(三)职能适应性调整

进入21世纪以后,在政府职能改革和群团机关机构改革的共同驱动下,共青团改革再次被纳入党中央决策议程之中,共

---

① 共青团中央青运史档案馆编、胡献忠主编:《中国共青团历次全国代表大会概览》,北京:中国青年出版社2012年版,第548页。

青团在改革中也深化对自身组织建设规律的认识,这是共青团改革的第三个阶段。伴随社会主义市场经济、社会主义民主政治、社会主义法制的发展和完善,必然要求政府机构和群团组织形成既适应市场化改革的需要,又能够有效代表和维护所联系群众的切身利益,同时与党和国家政治运行体制稳定衔接的组织框架和运行机制,群团机关机构改革的必要性和紧迫性进一步凸显。

1998年,党的十五届二中全会明确机构改革的重大意义,"机构改革,是深化经济体制改革、发展社会主义市场经济的客观要求,是密切党和政府与人民群众联系的迫切需要,是党和国家领导制度改革的一项重要任务,也是政治体制改革的重要内容"①。

2000年12月,中共中央办公厅、国务院办公厅对工青妇等21个群众团体机关机构改革作出部署,提出完善领导和管理体制、理顺权责关系、改进运行机制、精简人员机构等具体要求。在推进机构改革的同时,创新基层组织建设也成为这一时期共青团改革的重点。

2003年,共青团十五届二次全会通过《全面建设小康社会进程中共青团工作战略发展规划》,提出"坚持党建带团建,坚持以服务促建设、以服务求活跃……不断建立健全与社会主义市场经济发展相适应的共青团组织体系和运行机制"。

2004年,团中央十五届三次全会作出《关于进一步加强团

---

① 中共中央文献研究室:《中共十三届四中全会以来历次全国代表大会中央全会重要文献选编》,北京:中央文献出版社2003年版,第521页。

的基层组织建设的决定》,强调要适应教育改革形势、党政机关和事业单位体制改革形势、城市基层管理改革需要等,合理调整基层团组织设置,不断扩大团组织对团员青年的有效覆盖。

2008年,团的十六大报告将"以改革创新精神推进团的建设"作为第八部分标题,科学提出了共青团组织建设的基本规律:"一个组织的总体功能在不同层级有不同要求,准确把握团的各级组织在履行职责中的工作侧重点,基层组织要特别强调对青年的吸引和凝聚",强调要以走进青年为基本要求,大胆探索和创新共青团基层组织建设方式,激发共青团组织活力。

三、共青团改革的辩证法①

只有站在时代的高点上,才能把握历史运动的规律;只有从历史深处走来,才能看清楚共产党、共和国、共青团三者关系的演进逻辑,才能找到三者关系发展的历史路标。1949年,共青团在党的领导下,取得中国民主革命的伟大胜利,参与创建了中华人民共和国,成为国家政权的重要社会支柱;1978年,以党的十一届三中全会为序幕,以深化改革、扩大开放为总体方略,一个全新的市场体系在国家体系基础上孕育形成;以党的十八届三中全会为标志,以全面深化改革为突破口,为适应国家治理体系和治理能力现代化的新要求,党的群团组织面临历史上最大规模、最高强度、最广领域的整体性、系统性改革重塑,共青团成为国家治理体系的重要组成部分。由此可见,共青团在中国共产党领导下,参与建构了现代国家;现代国家建构也在相当程度上拓展了共青团的成长空间,塑造了现代性的共青团组织形态、功能结构和价值文化,为共青团融入国家、市场和社会提供了更多机会和可能。这就是现代国家建构与共青团成长的历史辩证法。

---

① 刘佳:《共青团改革40年:历史逻辑与改革方法论》,《中国青年社会科学》2018年第4期,第31-38页。

第一章　中国共青团改革的历史大视野

一是政党与青年的辩证法，即党管青年的政治原则。"党管青年"正式提出于2017年，是党中央进行青年事务管理、制定青年公共政策的基本准则，它确定了党与青年的政治关系。随着现代国家建构的推进，党管青年原则的政治意涵将进一步拓展，其实现形式将进一步丰富。

二是青年与国家的辩证法。青年与生产力要素、科学技术要素、军事国防要素、意识形态要素一道，被纳入现代化强国建设的要素体系中，习近平总书记指出："青年一代的理想信念、精神状态、综合素质，是一个国家发展活力的重要体现，也是一个国家核心竞争力的重要因素。"[①] 这表明国家对青年历史地位和发展规律认识的深化。

三是国家与共青团的辩证法。一方面，共青团改革是现代国家建构的必然命题；另一方面，现代国家建构实践为共青团现代性重塑提供了可复制的经验、方法和技术，同样，共青团现代性重塑的成功探索和实操方法也可以被吸纳到国家现代治理的工具箱和政策体系中。

四是历史与理论的辩证法，这是政治哲学层面上的辩证法。在中国共产党领导下，中国共青团团结凝聚广大青年，汇聚成社会主义现代化国家建设的强大合力，中国青年是中华民族伟大复兴的生力军。党对共青团的全面领导、中国青年运动的发展、当代中国青年的创造性实践，为马克思主义青年观中国化时代化发展注入了强大动能。理论创新无不是建立在历史实践

---

① 中共中央文献研究室：《习近平关于青少年和共青团工作论述摘编》，北京：中央文献出版社2017年版，第9页。

基础之上的，习近平总书记关于青年工作的重要思想"把我们党对青年工作的规律性认识提升到了新的高度，为做好新时代青年工作指明了前进方向、提供了根本遵循"[1]，是马克思主义青年观的理论集成和中国表达。

---

[1] 本书编写组：《共青团十八大报告辅导读本》，北京：中国青年出版社2018年版，第8页。

四、新时代共青团改革的政治理性

群团工作是党通过群团组织开展的群众工作。中国共产党领导的群团组织有四种类型。一是政治使命型群团组织，共青团是青年学习共产主义和中国特色社会主义的大学校，是典型的使命型群团组织。二是政策影响型群团组织，比如工会，在劳资矛盾调解、职工民主参与等方面发挥关键作用。三是公益服务型群团组织，如残疾人联合会。四是专业技术型群团组织，如中国科协、中国法学会等。群团组织是党实现群众动员、共识凝聚和社会整合的重要政治力量，"自觉接受党的领导、团结服务所联系群众、依法依章程开展工作相统一"[①]是中国特色社会主义群团发展道路的基本特征，是群团组织发展的基本原则。普遍性寓于特殊性之中。新时代马克思主义政党青年组织发展既要遵循中国特色社会主义群团发展道路的基本规定，也要考虑到共青团的工作实际、当代中国青年的群体特点、国家治理对共青团组织功能的需求结构等要素。习近平总书记立足世界百年未有之大变局和中华民族伟大复兴战略全局，对新时代共青团发展的政治道路、政治定位、政治关系、政治领导等重大

---

① 《中共中央关于加强和改进党的群团工作的意见》，北京：人民出版社2015年版，第5页。

问题做了理论性、系统性、原创性阐释,深化了我们党对马克思主义政党青年组织建设的规律性认识。

(一)阐释新时代共青团发展的政治道路

道路就是方向,道路决定命运。中国特色社会主义群团发展道路是马克思主义政党青年组织发展的根本政治道路。习近平总书记指出:"中国特色社会主义群团发展道路,是中国特色社会主义道路在群团工作领域的具体展开。这条道路是在党探索中国特色社会主义工会发展道路、中国特色社会主义青年运动方向、中国特色社会主义妇女发展道路的长期实践中形成和发展起来的,符合我国国情和历史发展趋势。"① 这一重要论述阐明了新时代共青团政治发展道路的三重规定性。一是坚定中国特色社会主义道路自信,中国共产党领导是中国特色社会主义最本质特征和最大制度优势,共青团必须在坚持党的领导这个根本问题上做到态度鲜明、立场坚定、毫不动摇,坚持党的领导制度、坚持党管青年原则是中国共青团的"最大政治"。二是把坚持党的领导、密切联系青年群众和依法依章程开展青年群众工作统一起来,把共青团工作的政治性与社会性统一起来,用党的强大政治感召力引领青年,用共青团服务青年发展的实际成效影响青年。三是坚持中国特色社会主义青年运动方向,中国青年运动的方向、主题与中国青年的使命是一致的,即"坚持中国共产党领导,同人民一道,为实现'两个一百年'奋斗

---

① 习近平:《论坚持党对一切工作的领导》,北京:中央文献出版社2019年版,第100页。

目标、实现中华民族伟大复兴的中国梦而奋斗"①。

（二）揭示新时代共青团组织的政治定位

政治定位揭示组织的性质和使命，影响甚至决定组织的结构和功能。共青团是中国共产党领导的先进青年的群团组织，是党的助手和后备军，这是共青团组织的根本政治定位，政治性是共青团的根本属性和组织底色。在党的群团工作会议上，习近平总书记引用邓小平同志的告诫："邓小平同志说，共青团犯一千条错误都没关系，但是有一条错误不能犯，就是脱离党的轨道。"② 中国共青团必须毫不动摇坚持中国共产党领导，首先，这是由党团关系的历史逻辑所决定的。共产党缔造了共青团，共青团自成立之日起就自觉接受党的领导，"在中国青年运动的光辉历程中，共青团发扬'党有号召，团有行动'的优良传统，为党争取青年人心、汇聚青年力量，在革命、建设、改革各个历史时期作出了积极贡献、发挥了重要作用"③。其次，这是由党的奋斗目标所决定的。共产主义是党的最高理想和最终奋斗目标。共产主义不是宗教意识形态，而是消灭现存状况的现实运动，党必须把现实运动的阶段性和共产主义理想的长期性结合起来，团员青年是现实性力量和未来性力量的有机统一，既是中国特色社会主义的建设者也是共产主义的接班人。这就

---

① 中共中央党史和文献研究院：《十九大以来重要文献选编》（中），北京：中央文献出版社2021年版，第29页。
② 中共中央文献研究室：《习近平关于青少年和共青团工作论述摘编》，北京：中央文献出版社2017年版，第70页。
③ 中共中央党史和文献研究院：《十九大以来重要文献选编》（中），北京：中央文献出版社2021年版，第36页。

意味着共青团具有嵌入党的信仰体系、目标体系、工作体系的天然优势,能够与执政党在政治使命维度上形成异体同构关系,在组织形态维度上形成结构性联动关系。最后,这是由共青团的政治职能所决定的。共青团是中国共产党进行组织吸纳和政治录用的重要载体,优秀共青团员经团组织推荐发展为青年党员,共青团员的政治觉悟、政治立场、政治方向、政治观念在很大程度上决定着党员发展质量,坚持党的领导是共青团同其他青年社会组织的显著区别,是衡量共青团工作"做得好不好的政治标准"①。

(三)明晰新时代共青团工作的政治关系

共青团是国家政权的重要社会支柱和国家治理体系的构成要素,新时代团的工作呈现出许多结构性特点,把握这些结构性关系是做好共青团工作的基础和前提。一是优化内部结构。党的十八大以来,党中央将共青团机关机构改革调整作为共青团改革的重要内容,优化团的领导机关部门设置和职能分工,建立分工协作、协同高效、反应迅速的领导体系、组织体系和权责体系;强化共青团对青年联合会、学生联合会(学生会、研究生会)的指导作用,加强共青团与少先队的组织衔接和工作联动。二是理顺外部结构。共青团是国家治理体系的组成部分,"国家治理体系是由众多子系统构成的复杂系统。这个系统的核心是中国共产党,党是领导一切的,人大、政府、政协、

---

① 中共中央文献研究室:《习近平关于青少年和共青团工作论述摘编》,北京:中央文献出版社2017年版,第70页。

法院、检察院、军队,各民主党派和无党派人士,各企事业单位,工会、共青团、妇联等群团组织,既各负其责,又相互配合,一个都不能少"①。理顺共青团工作的外部关系,就是要明晰共青团与各类国家治理主体之间的权责边界、工作机制和联动方式,一方面党中央将群团改革纳入党和国家机构改革的总体方案,"促进党政机构同群团组织功能有机衔接,支持和鼓励群团组织承担适合其承担的公共职能"②;另一方面构建以共青团组织为协调主体的青年工作联系会议机制,增强共青团在青年政策、青年事务和青年公共服务等方面的统筹权、决策权、提议权和话语权。

(四)加强新时代共青团事业的政治领导

共青团为厚植党长期执政的青年群众基础,推进马克思主义及其中国化理论成果青年化、大众化作出了重要贡献。与此同时也要看到,当前共青团工作还存在一些短板和不足,比如,有的地方党委和政府对共青团工作重视不够,对青年成长发展规律缺乏深入研究,基层团组织还存在基础薄弱、覆盖不全、能力不强、资源供给不足等问题,团的活动方式和载体比较单一,对青年吸引力、号召力和影响力相对有限等。要破解上述问题,推动新时代共青团事业高质量发展,必须加强党的全面领导,以党的领导的强大后盾破解"四化"难题,正如习近平

---

① 中共中央文献研究室:《习近平关于社会主义政治建设论述摘编》,北京:中央文献出版社2017年版,第188页。

② 中共中央党史和文献研究院:《十九大以来重要文献选编》(上),北京:中央文献出版社2019年版,第264页。

总书记所说:"党的群团工作做得好不好,关键在党的领导。各级党委必须从党和国家工作大局出发,切实加强和改进对党的群团工作的领导。"① 一是完善党委领导共青团的工作格局,严格落实党建带团建制度,将共青团建设作为党委党的建设年度考核的评价指标。二是坚持走群众路线,团的干部要俯下身子同青年交朋友、结对子,建立团干部联系青年的常态化机制,"如果不能深入广大青年,自说自话,自拉自唱,工作是很难做好的"②。三是帮助基层团组织解决实际困难,"重点解决好群团工作缺资源、缺手段特别是基层力量严重薄弱的问题,在阵地建设、项目筹划、资源使用、力量调配等方面整合联动"③。四是将共青团工作的原则性和灵活性统一起来,"要给群团组织留出创造性开展工作的空间"④。共青团不是党政机关,不能用管理党政机关的方法来管理共青团,要充分考虑共青团的组织特性,照顾不同领域青年群众的多层次、多样化需求结构,改进党领导共青团的方式方法,创造条件支持共青团自主灵活开展青年工作。

---

① 中共中央文献研究室:《习近平关于青少年和共青团工作论述摘编》,北京:中央文献出版社2017年版,第104-105页。

② 中共中央文献研究室:《习近平关于青少年和共青团工作论述摘编》,北京:中央文献出版社2017年版,第82页。

③ 中共中央文献研究室:《习近平关于青少年和共青团工作论述摘编》,北京:中央文献出版社2017年版,第105页。

④ 中共中央文献研究室:《习近平关于青少年和共青团工作论述摘编》,北京:中央文献出版社2017年版,第106页。

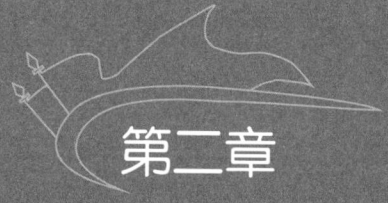

第二章

新时代中国特色社会主义与中国共青团

　　党的十八大以来,中国特色社会主义进入新时代,这是当代中国发展新的历史方位,也是中国共青团发展的新起点、新阶段。全面深化改革是新时代中国共青团的中轴任务和实践特色,以"强三性""去四化"为鲜明问题导向,把解决现实问题与构建组织发展的长效机制结合起来。构建青年发展政策体系是新时代中国共青团工作的时代特征和鲜明特点,党中央、国务院出台新中国历史上第一个中长期青年发展规划,聚焦青年发展十大重点领域作出全面部署,支持共青团更好发挥促进青年发展、服务青年成长的关键作用。中国共青团在新时代展现出新气象,一个朝气蓬勃的中国共青团正朝着实现第二个百年奋斗目标阔步前进。

第二章　新时代中国特色社会主义与中国共青团

一、新时代与新方位[①]

党的十八大以来，中国特色社会主义进入新时代，共青团改革同样也进入新时代，这是党的青年工作和共青团事业发展的新的历史方位。站在新的历史起点上，共青团如何进一步改革创新、攻坚克难，如何啃掉"硬骨头"，触及共青团组织运行的深层次矛盾和历史遗留问题，如何精准对标坚持和发展习近平新时代中国特色社会主义的重大部署和战略安排，如何在新时代将共青团改革引向纵深、强力推进，这不仅是关系到共青团改革成效和青年整体利益的大问题，更是关乎中国共产党长期执政能力建设的大事件。

（一）新时代共青团改革攻坚的驱动力量

马克思主义辩证唯物史观认为，任何一个事物，总是客观的、历史的、暂时的存在，对某一事物的肯定性理解中也必然包含着对该事物的否定性理解，即必然灭亡的理解，一切事物都处在不断运动、变化和发展中。不承认这一点，就会陷入唯心主义的泥沼。马克思在《德意志意识形态》中说："历史不外

[①] 刘佳：《新时代中国特色社会主义与共青团改革攻坚》，《青年发展论坛》2017年第6期，第40—49页。

是各个世代的依次交替。每一代都利用以前各代遗留下来的材料、资金和生产力；由于这个缘故，每一代一方面在完全改变了的环境下继续从事所继承的活动，另一方面又通过完全改变了的活动来变更旧的环境。"① 也就是说，人的一切社会活动乃至人类社会的全部历史都处在连续性的"世代交替"之中，并受到前一时代历史因素和现实社会历史条件的双重影响和制约。人的社会实践活动有历史的印迹，同时也具有现实性特点，这是我们准确理解共青团改革历史逻辑的方法论前提。

"共青团改革"有广义和狭义之分。广义的"共青团改革"是指马克思主义政党青年组织的自我调适，这是由共青团所依托的中国共产党工作重心和任务的调整，以及社会发展和转型所引发的工作对象的群体性变化这两个结构性因素共同决定的，其目的在于增强共青团组织的政治灵敏度和社会适应性。从这一点来说，"改革命题"自1922年共青团创建之日起，就与共青团相生相伴；中国共青团100多年的奋斗、发展和建设历史，实际上也是共青团自我革新的"改革史"。狭义的"共青团改革"主要是指1978年以来共青团体制改革，属于国家政治体制改革的重要内容之一。1988年8月，党中央书记处原则同意团中央书记处上报的《关于共青团体制改革的基本设想》，强调共青团体制改革的目标是"把共青团建设成为社会职能和法律地位明确，民主生活健全，基层充满活力，能够代表青年利益，真正赢得青年信任的先进青年的群众组织"。拓展共青团社会职能、维护和代表青年利益、增强共青团的政治属性，就成为

---

① 《马克思恩格斯文集》(第1卷)，北京：人民出版社2009年版，第540页。

第二章　新时代中国特色社会主义与中国共青团

1978年以来共青团改革的三项重点任务。

马克思主义唯物史观主张，不应"从观念出发来解释实践，而是从物质实践出发来解释各种观念形态"[①]。也就是说，对人的实践活动的理解和把握，不仅要从人的实践活动的内部结构中探明原因，还要从实践主体所处的历史条件和时代方位中寻找根据。人的实践活动不是抽象的，而是历史的和现实的。"共青团改革"作为一个理论命题，同样也不是抽象空洞的命题，其背后隐含着"1978年以来共青团改革全部实践和经验总结"的历史逻辑，具有丰富的实践内涵、特殊的历史线索、鲜明的时代指向。研究认为，共青团改革是中国特色社会主义发展的时代逻辑同当代中国青年运动的社会逻辑、党的群众工作的政治逻辑、共青团自我变革的组织逻辑彼此互动、有机聚合的"连锁反应"。其中，中国特色社会主义发展的时代逻辑具有强大牵引力，对共青团组织形态、职能结构、运行机制的重塑具有重大意义。习近平总书记指出："中国特色社会主义群团发展道路，是中国特色社会主义道路在群团工作领域的具体展开。这条道路是在党探索中国特色社会主义工会发展道路、中国特色社会主义青年运动方向、中国特色社会主义妇女发展道路的长期实践中形成和发展起来的，符合我国国情和历史发展趋势。"[②]

中国特色社会主义发展的历史逻辑，大致可以划分为三个相互衔接、彼此联系的历史阶段。

第一阶段是1978—1992年。以1978年党的十一届三中全

[①]《马克思恩格斯文集》(第1卷)，北京：人民出版社2009年版，第544页。
[②]《切实保持和增强政治性先进性群众性　开创新形势下党的群团工作新局面》，《人民日报》2015年7月8日。

会的召开为标志，党深刻吸取新中国成立以来我国社会主义革命和建设的正反两方面经验教训，作出把党和国家的工作重心转移到社会主义现代化建设上来，实行改革开放的战略决策，开始踏上建设有中国特色社会主义的富国之路。这一时期，中国特色社会主义发展呈现三个特点。一是党的工作重心转移推动国家发展战略的调整。党的十一届三中全会对社会主要矛盾的判断作出重大调整，强调人民群众日益增长的物质文化需要同落后的社会生产之间的矛盾是社会主要矛盾，阶级矛盾下降到次要地位，党和国家一切工作都要围绕解决社会主要矛盾而布局展开，社会生产力发展程度和人民生活质量成为衡量一切工作绩效的首要标准。二是建构起现代国家建设模式。经济建设成为党和国家的中心工作，商品经济得到大力发展，非公有制企业大量涌现，企业家精神获得认可和弘扬，以"竞争""效率""公平"为基本价值导向的市场经济日趋成熟。1992年，党的十四大指出经济体制改革的总目标是建立社会主义市场经济体制。三是政治体制改革的重要性在历史的映衬下越发凸显。1980年和1986年，邓小平分别作了《党和国家领导制度改革》《关于政治体制改革问题》的讲话，强调改革党和国家领导制度、推进政治体制改革是坚持和加强党的领导的需要，是与经济体制改革有效衔接的需要，是坚持和发展中国特色社会主义的需要。

第二阶段是1992—2012年。这一阶段也是中国特色社会主义在面向未来中坚持和发展并逐渐走向成熟的重要阶段。其间，中国共产党先后召开第十五次、第十六次、第十七次、第十八次全国代表大会，实现了中央领导机构政治交接的平稳过

第二章 新时代中国特色社会主义与中国共青团

渡,制定了面向 21 世纪坚持和发展中国特色社会主义的行动纲领。这一时期,中国特色社会主义发展的显著特征可以概括为构建中国特色社会主义现代化国家的结构性要素逐渐成熟、不断发展、日臻完善。具体来说,1997 年,党的十五大提出要积极推进经济体制和经济增长方式的根本性转变,完善社会主义市场经济体制,为现代化国家建设打下坚实基础。2002 年,党的十六大提出在 21 世纪头 20 年全面建设小康社会,在继续完善社会主义市场经济体制的基础上,推进经济建设、政治建设、文化建设协调发展,使国家现代化建设的各要素更充分、更有效衔接。2007 年,党的十七大对中国现代化建设的建构性要素由"三位一体"拓展为"四位一体",强调要加快推进以改善民生为重点的社会建设,把增进人民群众的幸福感、满意感、获得感作为现代国家构建的价值导向,实现了现代国家构建的效率价值与公平价值、物质因素与社会因素的有效对接。2012 年,党的十八大将生态环境纳入国家现代化要素体系之中,赋予其前所未有的政治权重,中国现代国家构建的要素体系更加完善、理念更加科学、路径更加持续;与此同时,党的十八大还强调不失时机深化重点领域改革,为全面建成小康社会搭建更加成熟、更有效率的制度运行框架。

第三阶段是 2012 年党的十八大以来,以习近平同志为核心的党中央协调推进全面建成小康社会、全面深化改革、全面依法治国、全面从严治党,取得了改革开放和社会主义现代化建设的历史性成就,中国特色社会主义进入新时代,中国发展站在了新的历史方位。党的十九大报告指出:"这个新时代,是承前启后、继往开来、在新的历史条件下继续夺取中国特色社会

主义伟大胜利的时代,是决胜全面建成小康社会、进而全面建设社会主义现代化强国的时代,是全国各族人民团结奋斗、不断创造美好生活、逐步实现全体人民共同富裕的时代,是全体中华儿女勠力同心、奋力实现中华民族伟大复兴中国梦的时代,是我国日益走近世界舞台中央、不断为人类作出更大贡献的时代。"①

共青团事业是中国特色社会主义事业的重要组成部分。中国特色社会主义的时代性转化推动着党和国家各项事业的调整和变革,也驱动着共青团的转换和调试。共青团改革命题的提出,是中国特色社会主义时代性转化的逻辑使然,中国共青团的使命与价值契合了坚持和发展中国特色社会主义的政治需求,与中国青年成长成才的现实需要相吻合,从而成为中国特色社会主义建设事业中的一支重要力量。共青团如果不与时俱进、自我变革,不仅会被时代所抛弃,也会被青年所遗忘,其也将失去自身的存在价值和发展空间。

(二)共青团改革攻坚的绩效与难点

当代中国政治形态及其运行机制的复杂性,决定了群团改革的任务绝不是一蹴而就、轻轻松松就能完成的。习近平总书记对群团改革工作的批示中,用"攻坚克难"来形容群团组织改革的艰巨性、长期性、复杂性,这是对未来一段时期群团改革强度和难度的基本判断,也是对群团改革向纵深领域拓展发

---

① 习近平:《决胜全面建成小康社会 夺取新时代中国特色社会主义伟大胜利》,《人民日报》2017年10月28日。

第二章 新时代中国特色社会主义与中国共青团

出的总动员令。当前,共青团改革仍然面临着"攻坚克难"的艰巨任务,因为容易改革的、能够推进的改革举措都已经推行得差不多了,剩下的都是一些难啃的"硬骨头""老大难"问题,是否有勇气触碰这些深层次矛盾和问题,是否有决心和毅力解决好这些"老大难"问题,考验着共青团领导层的政治意识和改革决心,也直接关系到共青团改革的最终成效。从改革绩效来看,2015年以来,共青团改革取得了一些重要的标志性成果,关键领域改革积极稳妥推进。归纳起来,主要包括以下五方面。

第一,共青团的制度体系日趋完善。团中央对重大制度安排及时进行修订调整,从制度层面规范了团的组织功能、团员管理教育、团的运行规则、团的经费使用、基层团组织建设等。团中央先后印发《关于加强新形势下发展团员和团员管理工作的意见》《关于中国共产主义青年团团费收缴、使用和管理的规定》《团中央委员会向代表报告工作和听取意见建议制度》《中国共产主义青年团基层组织选举规则》《关于进一步加强共青团全国代表大会代表履职工作的意见》《关于新形势下推进从严治团的规定》《中国共产主义青年团基层组织"三会两制一课"实施细则(试行)》《共青团地方委员会核心工作任务》《关于保持和增强团员先进性的意见》等制度文件,扎牢了从严治团的制度笼子,团的制度体系进一步发展完善。

第二,"互联网+共青团"扎实推进。团中央打造了以"青年之声"为主体的网上共青团工作阵地,"青年之声"已经成为共青团改革的重要窗口。全团通过"青年之声"对团内外工作资源进行了整合,建立线下服务联盟1.3万余个,吸纳各领域专家205万余名,开展线下服务活动22万余场,覆盖青年7000

多万人次。"青年之声"已经成为共青团开展网上工作的重要平台和窗口，受到了广大团员青年的欢迎。

第三，团中央内设机构改革如期完成，团的组织体系和职能结构优化完善。按照"减上补下"的改革要求，团中央对内设机构作出调整。为加强共青团服务青年成长和发展的职能，成立青年工作部；为推进共青团工作重心下移，加强基层团组织建设，成立基层组织建设部；为加强对青年社会组织和新兴青年群体的联系、服务和引导，成立社会联络部；推动团属事业单位改革，突出团属事业单位的"服务共青团主业"职能，加强共青团智库建设等。与此同时，省级以下共青团机构改革参照团中央机构改革的思路有序稳妥推进，共青团运行体制机制进一步通畅，职能进一步聚焦，工作合力进一步增强。

第四，共青团干部队伍改革稳步推进。一是树立开放的用人导向，突出政治性、专业性、代表性，建设专职、兼职、挂职相结合的团干部队伍，例如，上海率先在全国设置了没有行政级别、没有工资报酬的团市委兼职副书记岗位；二是加强团干部队伍作风建设，建立团干部"8+4""4+1""1+100"联系青年工作制度，截至2016年8月，"全国4级团的领导机关共有27824名团干部开展了直接联系青年工作，累计联系青年39.1万名"[①]。

第五，增强共青团服务青年发展的能力，构建以共青团为中心的"大青年工作"新格局。2017年4月中共中央、国务院印发国家《中长期青年发展规划（2016—2025年）》，明确了共

---

① 刘维涛：《共青团建立团干部直接联系青年制度》，《人民日报》2016年8月4日。

青团在促进青年发展、服务青年成长中的职能和作用。

与此同时，我们还应当清醒地认识到，共青团改革仍然存在一些重点问题有待解决，关键环节和领域的改革有待进一步深化，一些历史遗留问题和"老大难"问题仍需要久久为功。

一是如何让共青团改革成果落实落地的问题。这不仅是关涉改革共青团工作机制的问题，也是关涉青年如何评价共青团改革绩效的问题。让改革成果惠及广大青年，让改革成果由广大青年共享，这是共青团改革的价值目标。实现这一目标，关键在于让基层团组织的服务青年能力有一个大的提升，让更多资源、更多人力、更多政策向基层倾斜。目前来看，在已有的制度和政策框架下让基层团组织强起来，仍需要花一些时日。

二是共青团如何有效地把青年组织起来的问题。时代在变化，青年也在变化。革命年代，青年是较为容易组织起来的，因为青年的遭遇具有历史的相似性，青年的利益诉求具有一致性；在市场经济条件下，青年主体意识、竞争意识觉醒，越来越关注自己的生存、生活和发展，关注自己的利益需求和利益满足。在这种语境下，青年是以"原子化"的形式融入社会的，如何把散落的"原子"有效聚合，汇集成青年集体行动的磅礴之力，对共青团来说确实是一个现实难题。

三是如何增强共青团思想引领的吸引力和有效性问题。群团组织的政治属性决定了共青团必须把思想引领作为青年群众工作的第一要务，然而在市场经济发展和多元文化冲击的现实条件下，青年的政治价值观培养面临外部挑战。有调查表明："深处日益多元、复杂的思想文化环境中的大学生受到一些西方价值观念和社会思潮的客观影响，有关社会思潮和网络舆论环境在一定程度上冲淡了大学生的政治认同。受相关社会思潮影响越大,大学生对中国共产党及中国特色社会主义制度、理论、指导思想以及共同理想的认同度越低。"① "把思想装进青年的脑袋里",过去不容易,现在更难。

四是如何破解共青团行政化的问题。在"四化问题"当中,行政化是排在首位的,也是最难根除的,因为共青团与政党的政治权力距离最近,共青团的工作经费直接由国家财政拨款,共青团干部又是参照公务员进行管理的,因此,共青团具有了公共行政机构的某些属性。共青团的行政化倾向是历史沉淀而成的,涉及共青团运行机制和管理体系的深层次调整,去行政化在共青团改革过程中复杂程度最高,操作难度最大。

共青团改革之所以必须持续深化、攻坚克难,表面上看还存在这样或那样的问题没有解决,从根本上来说,是因为共青团在当代中国政治体系中的运行机制出现了"症结"和"不畅",这是共青团运行和"四化问题"的核心环节。在当代中国政治体系中,共青团是以党的群团组织的身份参与国家政治生活的,是一个十分独特的政治存在。一方面,共青团同工会、妇联等群团组织一样,都是协助执政党开展群众工作的"外围组织",但只有共青团被政党赋予了特殊的政治功能——助手和后备军,并在党的章程中明确规定下来,因此政党与共青团的关系表现为"领导与被领导"的政治关系;另一方面,共青团是唯一一个以年龄作为划分标准的群团组织,是中国先进青年的组织化

---

① 沈壮海、肖洋:《2016年度大学生思想政治状况调查分析》,《思想理论教育导刊》2017年第1期,第108-113页。

第二章　新时代中国特色社会主义与中国共青团

载体。共青团从青年中来，青年可以选择加入共青团，也可以选择不加入共青团，因此，共青团与青年的关系表现为"双向选择"的社会性关系。在当代中国政治运行中，中国共产党主要是通过共青团与广大青年发生联系，共青团是党青关系的中介，是中国共产党与青年群众之间的"桥梁纽带"。

在"执政党—共青团—青年"关系链条中，我们可以进一步将其分解成以共青团为中介的两个联动系统，即（Ⅰ）"执政党—共青团"系统和（Ⅱ）"共青团—青年"系统。其中，系统（Ⅰ）是政治联动系统，共青团在其中扮演法理型政党青年组织的角色。共青团的法理地位，是由党团关系的历史逻辑决定的，也是党章所赋予的，具有极强的稳定性和灵敏度。"中国共青团作为中国共产党联系青年的制度性组织，对党的时代性、政策性要求的回应是积极的、及时的。"[①] 系统（Ⅱ）是社会联动系统，共青团作为现代国家社会治理的重要参与主体，充当青年社会力量的整合、疏导、维护、稳定的装置。与系统（Ⅰ）不同，系统（Ⅱ）是一个相对开放的系统。具体而言，共青团是青年的群团组织，由青年群体中的先进分子组织起来，构成共青团组织力量的重要基础。伴随市场经济发展和社会深度转型，青年群体的价值观念、行为特点、兴趣禀赋、活动空间都发生深刻变化，但共青团仍然比较善于运用系统（Ⅰ）的政治逻辑来开展市场化条件下的青年工作。但是如果政治逻辑无法满足青年群体多样化的成长和发展需要，其后果可能是共青团

[①] 胡献忠:《现代化进程中共青团的政治定位、功能开发与组织重构》,《中国青年研究》2017年第7期,第32—38页。

逐步固化成为与青年群体平行的政治性组织，共青团对青年的吸引力和感染力式微，由此导致"执政党—共青团—青年"的关系链条出现不平衡、不稳固状态，甚至会直接消解党长期执政的青年群众基础。正如习近平总书记所指出的："群众性是群团组织的根本特点。离开了群众性，群团组织就容易走向官僚化、空壳化"①，"群众心里没有群团组织，不积极参与群团组织活动，或者群团组织覆盖面越来越窄，那就等于削弱了做党的群团工作的基础"②。这从根本上反映出共青团在保持政治性和群众性之间的无形张力，一旦这种张力超越了一定限度，就会影响整个共青团的改革工程，乃至党的群团改革工程。因此，政治性与群众性的对立统一关系，是共青团改革所触及的最深层次矛盾，推动共青团政治性和群众性的良性互动、相得益彰，是共青团改革的核心命题。

（三）新时代共青团改革发展着力点

共青团改革攻坚是一个时代性课题，也是一个操作性难题。从动力上来看，共青团改革就是共青团自身与外界环境互动、调适的社会历史性过程，共青团改革的理念、目标、技术、路径等都是由党和国家所处的历史方位、青年群体的世代变迁、国际国内宏观环境等多种因素决定的；需要指出的是，由于共青团与执政党和国家存在一种特殊的互动关系——共青团围绕

---

① 中共中央文献研究室：《习近平关于青少年和共青团工作论述摘编》，北京：中央文献出版社2017年版，第73页。
② 中共中央文献研究室：《习近平关于青少年和共青团工作论述摘编》，北京：中央文献出版社2017年版，第73页。

第二章 新时代中国特色社会主义与中国共青团

党和国家的中心工作"自运行",而党和国家的中心工作处于不断调整之中,共青团也要不断矫正"自运行"的轨道,这就进一步增加了共青团改革的难度和艰巨性。从路径上来看,共青团改革就是共青团对自身"否定之否定"的社会历史性过程,共青团需要历经多个改革阶段,改革的每一个阶段总比上一个阶段更彻底、更全面、更到位,改革的总趋势是上升的,改革的总目标是使共青团回归青年、回归社会、回归本色。共青团改革只有进行时,没有完成时。从要素上来看,共青团改革就是沉淀和聚合政治性、先进性、群众性等积极因素,摒弃和淘汰行政化、机关化、娱乐化、贵族化消极因素的社会历史性过程,是不同要素之间的对撞、消解、再生的过程,其中有的要素沉淀为共青团的组织标志和文化符号,有的要素沉淀固化为影响共青团健康发展的体制机制障碍,并以一定的实践形态表现出来。不同要素之间的强大张力,也决定着共青团改革绝不是组织体系重置那么简单,更深层次地触及价值理念层面的问题。由此,我们可以对"共青团改革攻坚"作出一个基本判断:从微观上来说,共青团要想赢得青年,必须以大决心、大气力推进共青团自身改革,这是保持共青团组织凝聚力、号召力、生命力的关键;从宏观上来说,中国特色社会主义的时代性转化对共青团改革攻坚提出新的更高要求,意味着共青团改革绝不可能一蹴而就、立竿见影。中国特色社会主义进入新时代,共青团还可能面临许多新的难题和挑战,共青团改革攻坚的任务会更加艰巨繁重。

综合分析,当前共青团改革攻坚面临难得的历史机遇。一是中国共产党对共青团改革的强力推进,这种力度是以往任何

时候都不曾有过的,中国共产党从实现中华民族伟大复兴、中国特色社会主义现代化强国建设、党长期执政能力建设的战略高度,赋予共青团改革以强烈的政治使命。二是共青团已经在之前的改革基础上,取得积极进展,积累了宝贵经验,打下了良好的实践基础,为进一步深化共青团改革,进而取得共青团改革的决定性胜利创造了有利条件。三是党的十九大对中国特色社会主义发展的历史阶段作出新的重大政治判断,中国特色社会主义进入新时代,共青团改革面临无比巨大的作为空间,广大青年拥有无比广阔的实践舞台。中国特色社会主义进入新时代,是当前共青团改革最为重要的时代底色、历史机遇和现实条件,我们要把党的十九大对坚持和发展新时代中国特色社会主义作出的重大战略部署与共青团改革攻坚结合起来,使共青团在新时代取得改革的新业绩、新成效。

第一,根据新时代中国特色社会主义发展的战略安排,设定共青团改革的时间表。党的十九大根据我国社会主义现代化建设的实际情况,制定出新时代中国特色社会主义的发展目标和战略安排,主要划分为三个阶段。第一阶段是从党的十九大到二十大,是"两个一百年"奋斗目标的历史交汇期,既要按照党的十六大、十七大、十八大的部署全面建成经得起历史和人民检验的小康社会,实现第一个百年奋斗目标,同时还要乘势而上开启建设社会主义现代化国家的新征程,向第二个百年奋斗目标前进;第二阶段是2020—2035年,在全面建成小康社会的基础上,再奋斗十五年,基本实现社会主义现代化,基本形成现代社会治理格局,社会充满活力而又和谐有序;第三阶段是从2035年到本世纪中叶,在基本实现现代化的基础上,再

第二章 新时代中国特色社会主义与中国共青团

奋斗十五年,把我国建设成富强民主文明和谐美丽的社会主义现代化强国,实现国家治理体系和治理能力现代化。根据新时代中国特色社会主义发展的战略安排和时间节点,可以制定出共青团改革的时间表。第一阶段是从党的十九大到二十大,按照党的中央群团工作会议部署和《中共中央关于加强和改进党的群团工作意见》《中长期青年发展规划(2016—2025年)》的要求,全面推进共青团改革发展,牢牢抓住共青团事业改革和青年发展事业改革两个"牛鼻子",使两者同向而行、双轮驱动,要重点解决好共青团"去四化"、基层组织薄弱、服务青年专业化能力不强等突出问题,共青团改革要取得经得起历史的检验和青年的评价的重要标志性成果。第二阶段是2020—2035年,共青团结构性改革基本完成,现代化政党青年组织基本建成,共青团思想引领能力、组织动员能力、服务青年能力、利益整合能力大幅度提高,共青团制度体系更加完善,运行更加高效、有序,共青团在国家治理体系和治理能力现代化中的作用进一步凸显。第三阶段是2035年到本世纪中叶,把共青团建设成为具有强大青年号召力和世界影响力的马克思主义政党青年组织,共青团的组织现代化、职能现代化、文化现代化、服务能力现代化同步实现,形成中国特色社会主义青年发展道路、青年工作理论、青年组织体系。

第二,坚持以青年为中心的改革思想,推进共青团改革与青年发展同频共振。党的十九大对当代中国社会主要矛盾作出新判断,"中国特色社会主义进入新时代,我国社会主要矛盾已经转化为人民日益增长的美好生活需要和不平衡不充分的发展之间的矛盾","我们要在继续推动发展的基础上,着力解决好发展不平衡不充分的问题,大力提升发展质量和效益,更好满足人民在经济、政治、文化、社会、生态等方面日益增长的需要,更好推动人的全面发展、社会全面进步"[①]。社会主要矛盾的变化是牵动全局的历史性变化,对党和国家各项工作都提出了许多新要求,对共青团改革也提出了许多新要求。一是要准确研判和把握当代中国青年的发展需要,中国青年发展需要的变化同中国社会主要矛盾的变化具有内在一致性。当前,青年的温饱问题已经基本解决,总体上达到了小康水平,青年对美好生活的需要特别是全面发展的需要日益广泛和强烈,并集中表现在政治诉求、经济诉求、文化诉求、教育诉求等方面[②],要建立稳定的满足青年发展需要的监测评估系统,准确把握中国青年发展需要的阶段性特征、群体性特点、差异化特性,增强共青团专业化服务青年的能力和水平。二是要认真贯彻落实以青年为中心的发展思想。要坚持一切为了青年、一切服务青年的马克思主义青年工作观,坚持共享发展理念,解决好服务青年"最后一公里"的短板问题,让更多青年享受到党和国家事业改革发展的成果,让更多青年在共青团改革中获得利益和实惠。三是要将《青年中长期发展规划(2016—2025年)》的实施同共青团改革衔接起来,共青团改革的最终落脚点是促进青年更好地发展进步,青年发展是共青团改革的价值目标,也是衡量共青团改革绩效的关键性指标。

[①] 习近平:《决胜全面建成小康社会 夺取新时代中国特色社会主义伟大胜利》,《人民日报》2017年10月28日。
[②] 俞进:《社会转型与共青团的改革创新》,《中国青年研究》2008年第1期,第39-41页。

第二章　新时代中国特色社会主义与中国共青团

第三，在思想引领上狠下功夫，用习近平新时代中国特色社会主义思想武装青年。党的十九大将习近平新时代中国特色社会主义思想作为党必须长期坚持的指导思想写入党章，十三届全国人大一次会议将习近平新时代中国特色社会主义思想写进宪法，实现了党和国家指导思想的与时俱进。共青团要把习近平新时代中国特色社会主义思想的宣传教育同共青团改革攻坚结合起来，同共青团思想引领制度化、常态化结合起来，激励广大青年更加主动、自觉地投身到决胜小康、建设强大国家的伟大事业中，汇合起中国青年的磅礴之力。一是要组织广大青年原原本本、原汁原味地研读党的二十大报告、《论党的青年工作》、《习近平关于青少年和共青团工作论述摘编》等重要文献，在学懂、弄通、做实上下功夫。二是要充分利用并发挥好共青团思想引领阵地的重要作用，依托主题团日、团组织生活会、团课、团员大会等共青团活动形式，广泛开展习近平新时代中国特色社会主义思想宣传解读，组织团员青年广泛讨论，谈体会、聊感受、话未来，对团员青年认识不清晰、理解不到位的问题要做好阐释引导，确保团员青年准确理解习近平新时代中国特色社会主义思想内涵。三是要把学习宣传习近平新时代中国特色社会主义思想作为当前和今后一个时期共青团思想引领工作的主题主线，团中央要统筹谋划全国性、示范性主题宣传教育活动，面向不同类别、不同层次的团员青年开展形式活泼、寓教于乐的宣传教育活动。四是要做好网络宣传教育工作，要以青年的文化逻辑研发设计生产一批深受青年喜爱的思想文化产品，充分利用声音、图像、多媒体等技术手段，对主流意识形态话语体系进行青年化、时尚化改造，增强思想引领和宣传教育的吸引力和感染力。

第四，弘扬斗争精神，提高斗争本领，开启新时代中国青年运动发展的新征程。习近平总书记在庆祝中国共产主义青年团成立100周年大会上强调，新时代的广大共青团员"要做敢于斗争、善于斗争的模范，带头迎难而上、攻坚克难，做到不信邪、不怕鬼、骨头硬"。[①] 青年对于党、国家和民族，具有特殊的社会历史意义，青年一代集体行动的轨迹，影响着整个现代化强国的建构逻辑。建立强大国家，青年必须强起来。只有在回归梦想、回归初心、回归本色的道路上历经摸爬滚打、千锤百炼，青年才能强起来。学习是提高斗争本领的最好老师，共青团要为青年提高斗争本领创造条件，要打造开放型共青团组织体系，加强同政府、企业、社会组织的对接合作，为青年参与社会实践广开渠道，积极为青年群体争取社会性实践资源和平台，鼓励更多青年参与志愿服务、创新创业、支农支教、文化下乡、社会调查等社会实践活动，让青年在社会实践中认识国情、了解社会、结交朋友。

第五，全面推进从严治团，使共青团的精神面貌有一个大转变。党的二十大报告指出："经过十八大以来全面从严治党，我们解决了党内许多突出问题，但党面临的执政考验、改革开放考验、市场经济考验、外部环境考验将长期存在，精神懈怠危险、能力不足危险、脱离群众危险、消极腐败危险将长期存在。全党必须牢记，全面从严治党永远在路上，党的自我革命永远在路上，决不能有松劲歇脚、疲劳厌战的情绪，必须持之

---

① 习近平：《论党的青年工作》，北京：中央文献出版社2022年版，第10页。

第二章　新时代中国特色社会主义与中国共青团

以恒推进全面从严治党，深入推进新时代党的建设新的伟大工程，以党的自我革命引领社会革命。"① 共青团是协助党开展群众工作的外围组织，推进全面从严治党向纵深发展对加强和改进共青团建设、推进全面从严治团提出新要求。2017年1月，团中央印发《关于新形势下推进全面从严治团的规定》，要求始终坚持党的领导、从严管好团干部队伍、从严管好团员队伍、从严管好团的组织、严明团的纪律。全面从严治团是"刀刃向内"的团改攻坚，是刮骨疗毒、壮士断腕的自我革新。在新时代推进全面从严治团，还要重点做好以下三方面工作。一是要塑造"善谋善战，千锤百炼"的基层团干部队伍。团的基层干部同青年接触最近，青年往往通过基层干部的作风、言行、工作来评价团的形象。因此，配齐配强基层团干部，增强基层团干部政治定力，提高基层团干部工作本领，加强基层团干部作风建设，显得尤为重要。二是要加强团的纪律建设。在健全完善共青团制度体系的同时，加强共青团纪律制度的建设，以团章为根本遵循，对团的各级组织、团的干部、共青团员划出清晰的纪律边界，加强团的纪律的执行力和问责力，对违反团的纪律的行为要严肃处理，增强团的纪律的权威性和严肃性。三是要加强团员意识教育，保持和增强共青团员的先进性和光荣感，加强团员教育常态化、规范化机制建设，鼓励动员共青团员在各条战线上主动亮明身份，发挥好模范带头作用，承担更多社会责任。

---

① 习近平：《高举中国特色社会主义伟大旗帜　为全面建设社会主义现代化国家而团结奋斗》，北京：人民出版社2022年版，第63—64页。

二、路线图与时间表①

作为中国共产党治国理政的重要组成部分，党的十八大以来，共青团改革坚持以解决问题为导向，经历了"充分酝酿—全面部署—改革试点—全团改革—深化改革"的"自上而下"与"自下而上"相结合的改革进程，共青团在改革实践中充分体现了中国共产党治国理政的历史性、系统性和渐进性特点，显示出与过去三轮共青团改革既有联系但又明显不同的改革逻辑和实践特点。

（一）充分酝酿

党的十八大报告指出："支持工会、共青团、妇联等人民团体充分发挥桥梁纽带作用，更好反映群众呼声，维护群众合法权益。"② 2013年6月，习近平总书记在同团中央新一届领导班子集体座谈时强调："时代在发展，社会在变化，共青团要以改革创新精神不断提高团的建设科学化水平，特别是要着力扩大

---

① 刘佳：《共青团改革40年：历史逻辑与改革方法论》，《中国青年社会科学》2018年第4期，第31-38页，人大复印资料全文转载。
② 中共中央文献研究室：《十八大以来重要文献选编》（上），北京：中央文献出版社2014年版，第40页。

第二章 新时代中国特色社会主义与中国共青团

团的工作有效覆盖面。"① 这也是共青团改革的症结和难点所在。2013年11月,党的十八届三中全会审议通过《中共中央关于全面深化改革若干重大问题的决定》。全面深化改革的核心是正确处理政党、政府、市场和社会的关系,总目标是坚持和发展中国特色社会主义制度,推进国家治理体系和治理能力现代化。在全面深化改革中,共青团不能缺席。决定指出:"充分发挥工会、共青团、妇联等人民团体作用,齐心协力推进改革。"②2014年6月,习近平总书记对共青团工作作出批示强调:"要深入研究当代青年成长的新特点和新规律,把准方向、摸准脉搏,大力推进团的组织和工作创新,牢牢把广大青年团结和凝聚到党的周围。"③由上面的论述可见,习近平总书记对新时代共青团改革高度重视,作出战略擘画,提出明确要求。总体来看,新时代中国共产党对共青团改革的系统谋划体现鲜明的问题导向,通过系统改革实现共青团政治功能与社会功能的动态平衡,以此强化共青团作为实现中国青年发展的组织基础作用。

(二)全面部署

2014年12月,中共中央政治局会议专题研究党的群团工作。2015年2月,中共中央印发《关于加强和改进党的群团工作的意见》,深刻阐释了新形势下加强和改进党的群团工作的重

---

① 中共中央文献研究室:《习近平关于青少年和共青团工作论述摘编》,北京:中央文献出版社2017年版,第65页。
② 中共中央文献研究室:《十八大以来重要文献选编》(上),北京:中央文献出版社2014年版,第545页。
③ 中共中央文献研究室:《习近平关于青少年和共青团工作论述摘编》,北京:中央文献出版社2017年版,第69页。

要性和紧迫性，党的群团工作只能加强，不能削弱；只能改进提高，不能停滞不前；科学总结了中国特色社会主义群团发展道路的丰富内涵，强调"这条道路是中国特色社会主义道路的重要组成部分，其基本特征是各群团组织自觉接受党的领导、团结服务所联系群众、依法依章程开展工作相统一"[1]；提出要加强党委对群团工作的组织领导，对群团组织围绕中心开展群众工作、培育和践行社会主义核心价值观、做好群众权益维护工作、发挥民主监督作用、参与社会公共治理、推进自身改革和加强干部队伍建设等作出全面部署。2015年7月，党中央召开党的历史上首次群团工作会议，中央政治局常委同志全部出席。习近平总书记指出，在新形势下把党的群众工作的"传家宝"发扬光大，就"必须把群团组织建设得更加充满活力、更加坚强有力，使之成为推进国家治理体系和治理能力现代化的重要力量"[2]。以这次会议为标志，各地区也陆续召开了党委群团工作会议，出台了本地区具体化的群团改革实施方案，共青团改革的大幕正式拉开。

（三）改革试点

试点是中国共产党治国理政的重要制度安排和实践方法。试点有助于实践探索、积累经验、降低改革成本。将试点经验上升为公共政策并推而广之，是试点机制的价值所在。在本轮

---

[1] 《中共中央关于加强和改进党的群团工作的意见》，北京：人民出版社2015年版，第5页。
[2] 中共中央文献研究室：《习近平关于社会主义政治建设论述摘编》，北京：中央文献出版社2017年版，第189页。

第二章 新时代中国特色社会主义与中国共青团

共青团改革中,试点机制发挥了很大作用。2015年11月,中央深化改革领导小组(简称"中央深改组")审议通过《全国总工会试点改革方案》《上海市群团改革试点方案》《重庆市群团改革试点方案》,以一个群团组织的中央机关和两个直辖市群团组织的整体系统为改革试点对象,为下一步群团组织改革的全面铺开积累经验。群团改革试点持续一年多时间,2017年2月,中央深改组听取三家单位群团改革试点总结报告,要求其他群团和地方认真学习借鉴试点经验,针对实际问题抓实改革举措。

(四)全团改革

根据中央党的群团工作会议精神和群团试点改革经验,共青团全系统、全要素改革于2016年8月正式启动。《共青团中央改革方案》经中共中央政治局常委会会议、中央深改组会议、中央书记处办公会议审定,由中共中央办公厅印发,足见执政党对共青团改革的重视程度之高、力度之大,这在以往历次改革中是未曾有过的。共青团中央改革涉及四大领域。一是改革"领导层",即改进团中央领导机构、机构设置和运行机制。二是改革"队伍层",即改革团中央机关干部选拔、使用和管理。三是改革"履职层",即改革创新团的工作、活动和基层组织建设。四是改革"保障层",即加大党委和政府对共青团工作的支持和保障力度。随后,共青团改革在各条战线、各个地区、各个单位全面铺开。2017年4月,中共中央、国务院印发《中长期青年发展规划(2016—2025年)》,首次提出党和国家事业要发展青年首先要发展,以及党管青年的重要政治原则,从十个方面提出了促进青年发展的实操维度和工作要求,进一步理顺了共青团与党政系统的关系,增强了共青团在青年事务中的主导性地位,这份规划也可以视为共青团改革的一项政策成果。全团改革在党的领导下积极稳妥向前推进,成效显著。

(五)深化改革

2017年,党的十九大报告指出:"推动工会、共青团、妇联等群团组织增强政治性、先进性、群众性,发挥联系群众的桥梁纽带作用,组织动员广大人民群众坚定不移跟党走。"[①]2017年11月,十九届中央深改组审议通过《中央团校改革方案》,强调要把中央团校建设成为青年工作领域特色鲜明的政治学校。2018年2月,党的十九届三中全会审议通过《中共中央关于深化党和国家机构改革的决定》《深化党和国家机构改革方案》,强调要深化群团组织改革,促进党政机构同群团组织功能有机衔接,支持和鼓励群团组织承担适合其承担的公共职能,增强群团组织团结教育、维护权益、服务群众功能,更好发挥群团组织作为党和政府联系人民群众的桥梁和纽带作用。在此背景下,共青团如何通过改革更好嵌入党政运行机制中,更好发挥其群众性、社会性功能,是未来共青团深化改革的重要方向。

---

① 《中国共产党第十九次全国代表大会文件汇编》,北京:人民出版社2017年版,第55页。

第二章　新时代中国特色社会主义与中国共青团

三、新使命与新挑战[①]

党的二十大报告从建设长期执政的马克思主义政党的高度，重申新时代新征程要继续深化共青团改革。新时代的共青团改革，是文明形态更替的历史逻辑和社会主义现代化建设的国家逻辑双重驱动的必然结果，是把世界上最大政党青年组织建设好、建设强的题中之义。

（一）凸显政治属性

由"中国共产主义青年团"的名称可知，"共产主义"从根本上规定了共青团的政治性，政治性是共青团的"灵魂"。共青团政治性具有三个向度的含义。一是从中国共产党与共青团的关系来看，党团关系以党的最权威制度加以确定，团跟党走，党有号召，团有行动，党与团不仅在结构上相近，在政治理念和价值取向上也高度一致。共青团的政治性体现为紧跟党走的政治意识和围绕党的中心工作而自转的大局意识，根本上是由党赋予的组织性质决定的。二是从共青团与民主政治的关系来看，共青团是协商民主的重要参与主体（政治协商会议成员），

[①] 刘佳：《建设新时代马克思主义青年群团组织——学习习近平总书记在纪念马克思诞辰200周年大会上的重要讲话精神》，《青年发展论坛》2018年第3期，第9–18页。

协商民主是社会主义民主政治发展的特有形式，具有独特优势，共青团在协商民主中不仅代表和传递所联系青年群众的利益诉求，更是直接参与国家治理的重要渠道。伴随青年政治参与意识的觉醒和政治参与能力的提升，共青团在政治生活中将扮演越来越重要的角色，这也是深化共青团改革的一个重要价值追求。三是从共青团与其他公共部门的关系来看，共青团与公共部门之间是一种"协作"关系，强调的是相互配合，互为补充，体现为资源整合和工作实践中的有效衔接和联动。

（二）变革组织体系

根据马克思列宁主义的政党理论，无产阶级政党通过成立隶属自身的外围组织来开展群众工作。因此，作为政党青年组织的共青团，在组织形态上与中国共产党有着极强的相似性，也有其自身特点。一是组织体系健全完备，由中央组织、地方组织和基层组织三级构成。二是组织建立在社会之上，即在青年中发展团员，建立团的组织；在青年中覆盖团的组织。三是共青团的双重授权，即由本级党委和上级团组织双口管理。2015年以来，共青团改革实践的重点有三个。一是共青团要切实维护党中央权威，加强共青团党的建设，确保党对共青团的绝对领导，确保中央政令在共青团系统畅通无阻。二是强调共青团的纪律和作风建设，强化团的意识和荣辱感。三是强调党的群众路线，密切共青团与青年群众的联系。这三点是对全团提出的整体性要求，是团的各级组织建设的根本政治要求，尽管具有普遍性，但在改革实践中的侧重点也有所不同。对团中央而言，强调政治性是共青团组织的"第一性"。中共中央办公

第二章 新时代中国特色社会主义与中国共青团

厅转发《共青团中央改革方案》，党中央书记处直接分管和指导共青团改革，党中央对共青团中央开展常规巡视和政治体检，调整优化团中央机构设置和中央书记处人员组成，这些举措进一步使党团关系的结构性联动变得更加紧密。对地方来说，地方党委对共青团的重视程度前所未有，将共青团改革纳入决策议程，地方团组织以共青团中央改革方案为蓝本进行自身组织改革；团中央对省一级共青团改革进行督导检查，地方团组织对区域内团组织改革进行督促指导，自上而下的改革大联动格局形成，团中央对地方团组织的调控能力也显著提升，共青团组织系统的"垂直管理"效能增强。对基层团组织来说，它们本身是团的基层单位，也是直接联系共青团员和青年群众的组织纽带，其改革重点以服务基层团组织建设为载体，在增强共青团服务团员青年能力的同时凸显专业性、常态化和实体化，以增强基层团组织的活力和群众认可度。

（三）完善组织功能

共青团是参公[①]管理单位，具有公共性，但它不同于政党组织和政府机构。共青团本质上属于政治社团，位于纯政治性与纯公共性（社会性）的中间地带。它接受党的领导，又参与公共事务管理与社会建设；它不是权力机构，但政党或政府通过法定授权赋予共青团某种特定"能力"，以此来实现组织功能。可以说，共青团的组织功能不是公共权力的禀赋，而是由其在

---

① 指参照公务员管理规定进行管理的组织和个人。党派、群团组织是参公管理的主要对象。

政治体系中的特殊地位决定的，是由一系列授权、制度、程序等机制来保证和确认的。2015年以来，党把贯彻和践行群众路线作为共青团改革的一项基本原则，强调共青团改革要突出群众性，把服务群众作为改革的出发点和最终落脚点，强调共青团要回归青年、回归群众、回归生活，把共青团打造成为青年之家，采取的主要举措如下。一是积极协助政府部门开展青年工作，通过购买服务、部门协同等方式参与青年事务。二是坚持以开放姿态谋划和设计共青团活动，组织青年群众参与共青团活动的创意和设计，将青年满意度作为基层共青团工作绩效评价的重要指标。三是扩大共青团的代表性，吸纳各界代表性青年进入团的各级委员会。四是加强共青团干部队伍建设，通过兼职、挂职机制充实团干部队伍力量。五是加强共青团作风建设，建立健全共青团干部常态化联系青年的工作机制，与青年结对子、交朋友，从严从实管理团的干部。践行群众路线，是共青团确保其生存意义和组织价值、被"团青关系"信任的基础，是更好承担政党赋予的使命任务，改善团的形象，提高共青团青年工作科学化、规范化水平的题中之义。

（四）强化思想引领

根据马克思主义的建党原理，共产党为实现社会变革和上层建筑的整体改造，必须以马克思主义尤其是科学社会主义理论为依据，同时根据社会革命的新态势和上层建筑变革的新情况，结合国情和实际对马克思主义的经典理论进行新的诠释和发展。在执政条件下，共产党通过理论创新，对执政必然性、艰巨性、条件性，以及政党与国家、公民与社会、个体与集体、

第二章　新时代中国特色社会主义与中国共青团

计划与市场、领袖与群众、战略与政策等问题进行理论创造，形成系统完备且不偏离马克思主义基本原理、不脱离基本国情和民众期待的执政理论和思想学说，这构成共产党制定路线方针政策的依据。在政党与国家关系的转折期，共产党对传统意识形态和理论体系的再阐释和再创新，为实现转折创造可能。因此，共产党是意识形态色彩极其浓厚的政党，表现为理论创造的活跃性和时代性。2015年以来，共青团进一步强化了思想政治引领的职能。其一，思想政治引领具有纪律刚性。团的各级干部和团员青年不允许发表与党中央相违背的意见，不得妄议中央，要时时刻刻在思想上政治上行动上与党中央保持一致，增强"四个意识"不仅是对共产党员的要求，也是对团的各级干部和共青团员的刚性要求，这一原则通过一系列的制度化安排固定下来。其二，共青团思想政治引领的一个重要任务就是对共产党意识形态话语进行"转换"，其本质是马克思主义中国化理论青年化、大众化。转化不仅有助于弥合党的意识形态与青年群众之间的隔阂与张力，也有助于增进青年对共产党执政理论和中国特色社会主义的认同，共青团对此在转换理念、策略、技术、形式等方面都有很多创新。其三，党的意识形态逐步渗透到社会各领域，上升为社会主流意识形态，成为个体行为的基本规范和公共生活的基本准则。共青团通过开展向上向善好青年、网络思想引领、社会主义核心价值观宣传教育、强化共青团意识形态阵地建设等举措，实现上述目标。

（五）优化工作机制

"归口管理"是共青团与政府、社会、市场等多元主体实现

有效联动的重要机制。归口管理是全面掌控机制。这里的"口"是指在国家政治结构和运行体系中根据不同性质和中心职能所划分形成的特定领域及其组成部分。"归口管理"本质上是一种议事决策、资源整合、工作协调、信息沟通的领导体制和工作机制,"领导小组""联席会议""工作委员会""专项工作组"等是"归口管理"的具体组织形态。共青团以促进青年发展、维护青年权益、动员引领青年、参与青年事务管理等为基本组织功能。《中长期青年发展规划(2016—2025年)》提出,由共青团牵头设立青年工作联席会议机制,国家层面为部级联席会议。进一步突出共青团在青年工作中的牵引性、主导性、协调性功能,实现了共青团与党政系统的关系重塑,为提升共青团组织功能的实现创造了制度条件。实际上,青年工作联席会议制度,也是把共青团的组织体系与运行机制改革同共青团组织功能转型相融合的结果,是共青团更好地嵌入国家治理现代化的重要载体,对强化共青团组织功能具有重大意义。

第三章

新时代中国共青团改革的理论逻辑[①]

[①] 刘佳:《习近平新时代共青团改革思想研究》,《中国青年社会科学》2018年第2期,第61—67页。

　　党的十八大以来，以习近平同志为核心的党中央统揽伟大斗争、伟大工程、伟大事业、伟大梦想，推动党和国家事业发生历史性变革，中国特色社会主义进入了新时代。其中，共青团工作发生的巨大变革、共青团事业取得的巨大成就，无疑是中国共产党在新时代宏大政治叙事的重要篇章。特别是自2015年中央党的群团工作会议开展以来，以习近平同志为核心的党中央从坚持和发展新时代中国特色社会主义、推进国家治理体系和治理能力现代化的高度，对共青团改革作出一系列重要论断和战略部署，形成了中国共产党关于新时代共青团改革的重要思想，为深化新时代共青团改革指引了行动方向。

第三章　新时代中国共青团改革的理论逻辑

一、思想探源

思想是时代之母，实践是理论之源。新时代共青团改革的重要思想是马克思主义青年观中国化的最新成果，是中国共产党集体智慧的结晶，体现了中国共产党青年工作理论的历史继承性和实践创造性。新时代共青团改革的重要思想不是"臆想"出来的，它的形成有着深厚的理论渊源和实践根基，这一科学思想是在继承马克思主义经典作家的青年观和中国共产党青年工作理论的基础上形成发展的。其中，习近平总书记对这一思想的最终形成作出了决定性贡献。

（一）思想源泉：马克思主义经典作家的青年观

中国共产党是用马克思主义武装起来的无产阶级政党，辩证唯物主义和历史唯物主义是中国共产党在实践基础上推进理论创新的方法论武器。中国共产党理论创新的过程，就是把马克思主义基本原理同中国具体实际相结合的过程，就是在不同历史条件下回应时代和实践发展具体问题的过程。

马克思、恩格斯对青年的理解和把握，是从资本主义的具体的社会事实中入手的，强调"青年"不是一个抽象的概念，而是属于社会历史范畴，"人的本质不是单个人所固有的抽象物，在其现实性上，它是一切社会关系的总和"①。一方面，青年具有敢闯敢拼的性格和较为独立的判断能力，能够作出轰轰烈烈的英雄业绩和狂热的自我牺牲；另一方面，青年无产阶级是"打破旧制度，建立新社会"的革命性力量。资本主义工业化大生产孕育出青年无产阶级，他们掌握现代生产技术，具有较强的组织纪律性，异化劳动导致青年无产阶级的自我异化，只有通过政治革命才能实现包括青年无产阶级在内的全人类的普遍解放，因此，青年无产阶级自产生之日起就天然地与无产阶级革命事业联系在一起。恩格斯在谈及德国工人运动时曾说："实现这一变革的将是德国青年。但是这种青年不应该在资产阶级中去寻找。德国的革命运动将从我们的工人当中开始。"②青年是不可忽视的历史性力量，这要求无产阶级政党必须筹建忠诚于无产阶级的青年组织，以更好地团结凝聚青年、维护青年整体利益、引领青年运动方向。

真正把马克思、恩格斯的青年观转化为实践形态的是列宁。1917年，俄国十月革命使马克思主义由理论变为实践，社会主义制度由理想成为现实。列宁曾把工会等群团组织比喻为无产阶级政党和国家政权之间的"传动装置"。列宁认为，青年团与青年群众的联系最为密切，青年团的任务就是将青年群众有效地组织和动员起来，为苏联社会主义革命和建设汇集青年一代的磅礴之力，"共产主义青年团应当是一支能够支援各种工作、处处都表现出主动性和首创精神的突击队"③。列宁认为，社会主

---

① 《马克思恩格斯文集》(第1卷)，北京：人民出版社2009年版，第501页。
② 《马克思恩格斯选集》(第4卷)，北京：人民出版社1995年版，第435页。
③ 《列宁专题文集》(论无产阶级政党)，北京：人民出版社2009年版，第291页。

义政权建立后,青年团还要致力于协助政党面向青年开展思想政治教育,改造青年的思想,提高青年的觉悟,丰富青年群众的精神文化生活,"做一个共产主义者,就要把全体青年都组织和团结起来,要在这个斗争中作出有教养和守纪律的榜样"①。习近平总书记关于中国青年的历史作用、共青团的职能定位、共青团改革方向等的重要论述,继承了马克思主义经典作家青年观的思想衣钵,体现了历史性与现实性的有机统一。

(二)理论继承:中国共产党的青年工作理论

从组织形态的角度看,中国共产党与中国共青团"异体同构";从历史的角度看,中国共产党成立伊始就着手建立党的青年工作的专门组织——中国社会主义青年团。在长期革命实践中,党不断加强和改进对青年工作的领导,逐渐形成了以"党有号召,团有行动"为主体的"党团关系"格局。在民主革命时期,中国共青团的任务是在青年群众中宣传马克思主义,共青团要帮助青年"认识中国革命的性质和动力,把自己的工作和工农民众结合起来,到工农民众中去,变为工农民众的宣传者和组织者"②。在社会主义革命和建设时期,共青团在党的领导下组织青年投身社会主义建设,同时还要照顾青年特点,体现共青团的组织属性和工作职能。毛泽东指出:"青年团要配合党的中心工作,但在配合党的中心工作当中,要有自己的独立工

---

① 《列宁专题文集》(论无产阶级政党),北京:人民出版社2009年版,第289页。
② 《毛泽东选集》(第2卷),北京:人民出版社1991年版,第560页。

作,要照顾青年的特点。"① 在改革开放新时期,共青团积极融入信息化、市场化、城镇化、工业化时代潮流,当好党的助手和后备军,更好地为青年群众成长成才服务。由此可见,无论党和国家的事业处在何种历史阶段,中国共产党始终坚持对共青团工作的政治领导,支持共青团围绕党的中心任务独立自主地开展青年工作。

(三)决定作用:习近平对共青团改革的长期实践探索

习近平总书记是新时代共青团改革思想的主要创立者。习近平总书记在从地方到中央的不同领导岗位上,都对共青团改革发表过重要论述,开展了大量的实践探索,这些论述和探索为新时代共青团改革思想的最终形成提供了丰富素材。1983年7月,时任河北正定县委书记的习近平在全县整顿基层团组织工作会议上对共青团基层组织改革提出要求,强调"要相应地改革团组织设置","只要有利于加强团员管理,有利于教育青年,有利于增强团支部的战斗力,团的基层组织就可从实际出发,作出适当调整"②。1989年10月,时任福建宁德地委书记的习近平对宁德地区共青团改革提出了四点要求:既要顺应改革的大潮流,又要从本地区的实际情况出发;既要服务于党的中心工作,又要适合青年特点;既要维护全体人民的利益,又要代表和维护青年的具体利益;既要正确地代表青年的利益,

---

① 共青团中央、中共中央文献研究室:《毛泽东邓小平江泽民论青少年和青少年工作》,北京:中国青年出版社、中央文献出版社2003年版,第96页。
② 习近平:《知之深 爱之切》,石家庄:河北人民出版社2015年版,第64页。

第三章 新时代中国共青团改革的理论逻辑

又要正确地引导教育青年。① 2004年3月,时任浙江省委书记的习近平在团省委调研时强调,共青团改革要坚持问题导向,要贴近青年群众实际:"要使共青团工作充满活力,凡事还要解决形式主义、官僚主义、自娱自乐、居高临下等问题,避免变成一种精神贵族式的做派,无所作为,脱离群众。"② 党的十八大以来,习近平总书记对党的青年工作和共青团改革发表了一系列重要论述,这些论述与他早前关于共青团改革的论述既一脉相承又与时俱进。

---

① 习近平:《摆脱贫困》,福州:福建人民出版社2014年版,第144-146页。
② 习近平:《干在实处,走在前列——推进浙江新发展的思考与实践》,北京:中共中央党校出版社2014年版,第410-411页。

二、总体方略

马克思主义唯物史观认为，社会存在决定社会意识，社会意识是社会存在的能动反映。新时代共青团改革的总体方略源于以习近平同志为核心的党中央对本轮共青团改革的战略指引和实践指导，源于本轮共青团改革实践积累形成的宝贵经验和科学方法。在谋划、指导和推动党的群团工作改革的进程中，习近平总书记对新时代共青团改革的必要性、重要性和方法论等问题进行了深入思考。其中，共青团改革动力论揭示了共青团改革的历史依据和现实动因，强调共青团改革是马克思主义政党青年组织的"第二次革命"；共青团改革价值论揭示了共青团改革的重大意义和战略指向，强调共青团改革是推进国家治理体系和治理能力现代化的重要环节；共青团改革方法论揭示了共青团改革的实践原则和实施路径，强调共青团改革要注重系统性、整体性和主体性，把握好改革的力度和节奏。共青团改革动力论、价值论、方法论是不可分割的有机体，统一于共青团改革的整体实践之中。

（一）共青团改革的动力论

中国现代化的历史经验表明，改革是当代中国释放活力、赶超世界、弥补历史欠账的最重要、最根本的途径。"改革"在

第三章　新时代中国共青团改革的理论逻辑

党的政治话语中被誉为中国的"第二次革命",它以生产力为尺度推进生产关系的调整完善,以消灭剥削、消除两极分化、最终实现共同富裕为目标。历经改革开放以来的实践探索,我国经济社会发展取得历史性成就,实现了中华民族由站起来、富起来到强起来的历史性飞跃。但在改革的道路上仍然面临不少风险和挑战,改革中的新问题和历史遗留的老问题出现"时空叠加"。习近平总书记指出:"改革开放中的矛盾只能用改革开放的办法来解决。"① 对共青团来说,破解行政化、机关化、贵族化、娱乐化倾向,让共青团在市场化转型中保持和增长政治性、先进性、群众性,根本路径还是深化改革。历史的发展是由诸多社会要素共同作用的"合力"结果,因此,共青团的改革动力不是"单一力",而是"系统力",是共青团的历史使命与生存现实等诸多因素融合而成的改革动力源。

第一,实现中华民族伟大复兴中国梦的历史使命是共青团改革的历史驱动力。青年兴则国家兴,青年强则国家强。习近平总书记指出:"中国梦是历史的、现实的,也是未来的;是我们这一代的,更是青年一代的。中华民族伟大复兴的中国梦终将在一代代青年的接力奋斗中变为现实。"② 为实现中华民族伟大复兴的中国梦而奋斗,是新时代中国青年运动的时代主题,也是共青团改革的大局。把青年组织起来是共青团改革的重要出发点,"共青团要紧紧围绕党和国家工作大局找准工作切入点、结合点、着力点,广泛组织动员广大青年在深化改革开放、促进

---

① 《习近平谈治国理政》,北京:外文出版社2014年版,第69页。
② 《中国共产党第十九次全国代表大会文件汇编》,北京:人民出版社2017年版,第56页。

经济社会发展中充分发挥生力军作用"[①],把广大青年凝聚在党的旗帜下,为实现中华民族伟大复兴的中国梦汇集起强大的青年力量。

第二,中国青年的群体性变迁是共青团改革的社会驱动力。共青团是以青年群众为工作对象的群团组织。习近平总书记指出:"要深入研究当代青年成长的新特点和新规律,把准方向、摸准脉搏,大力推进团的组织和工作创新,牢牢把广大青年团结凝聚到党的周围。"[②] 当前,在资本逻辑作用下,中国青年发生了深刻复杂的群体性变化,他们更加关注自身的成长发展、利益诉求和精神满足,更加注重行动选择的自由度和空间性。共青团只有遵循中国青年群体的变迁逻辑,才能永葆组织的价值和生命力。

第三,多元思想文化的传播涌动是共青团改革的文化驱动力。青年是新思想、新文化的主要接受者和传播者。经济全球化和信息网络化致使文化传播呈现世界性、虚拟性、隐蔽性等特点,意识形态领域的斗争比以往任何时候都要激烈。习近平总书记指出:"世界范围内各种思潮交流交融交锋,国内各种矛盾和热点问题叠加出现,境内外敌对势力对我国实施西化、分化战略一刻也没有放松,这些都对青年的世界观、人生观、价值观产生着潜移默化的影响。综合看,当代青年面对深刻变化的社会、丰富多样的生活、形形色色的思潮,更需要在理想信

[①] 中共中央文献研究室:《习近平关于青少年和共青团工作论述摘编》,北京:中央文献出版社2017年版,第62页。

[②] 中共中央文献研究室:《习近平关于青少年和共青团工作论述摘编》,北京:中央文献出版社2017年版,第69页。

念上进行有力指导。"① 共青团只有通过改革,才能增强思想引领青年、信仰凝聚青年的能力和本领,才能为青年的精神家园构筑起"安全防线"。

(二)共青团改革的价值论

共青团改革价值论是指共青团改革以实现何种价值目标为最终指向。价值目标决定了社会改革的方向、重点和实践空间。习近平总书记指出:"群团组织既要围绕党和国家工作大局搞好'公转',又要聚焦服务群众搞好'自转'。"② 共青团是中国共产党领导下的"准政党"③性质的群团组织,具有政治支柱功能;同时也是联系青年与政党、政府的桥梁和纽带,具有社会服务功能。共青团在国家政治形态和社会结构中的特殊方位决定了共青团改革的价值取向也是多层次的。

首先,从全面深化改革的层面看。全面深化改革的总目标是坚持和发展中国特色社会主义制度,推进国家治理体系和治理能力现代化。根据这个总目标,2013年党的十八届三中全会通过的《中共中央关于全面深化改革若干重大问题的决定》指出"统筹党政群机构改革,理顺部门职责关系""充分发挥工会、

---

① 中共中央文献研究室:《习近平关于青少年和共青团工作论述摘编》,北京:中央文献出版社2017年版,第23页。
② 中共中央文献研究室:《习近平关于青少年和共青团工作论述摘编》,北京:中央文献出版社2017年版,第75页。
③ 林尚立:《两种社会建构:中国共产党与非政府组织》,《中国非营利评论》2007年第1期,第1-14页。

共青团、妇联等人民团体的作用，齐心协力推进改革"[1]。共青团是国家治理的重要主体，改进共青团机构设置，强化共青团社会服务职能，对于理顺党团、政团、社团关系，组织动员广大青年投身全面深化改革的伟大实践具有重要意义，习近平总书记指出："国家治理体系是由众多子系统构成的复杂系统。这个系统的核心是中国共产党，党是领导一切的，人大、政府、政协、法院、检察院、军队，各民主党派和无党派人士，各企事业单位，工会、共青团、妇联等群团组织，既各负其责，又相互配合，一个都不能少。我们必须把群团组织建设得更加充满活力、更加坚定有力，使之成为推进国家治理体系和治理能力现代化的重要力量。"[2]

其次，从全面从严治党的层面看。《共青团中央改革方案》指出："推进共青团改革，是全面从严治党的一部分，是焕发共青团生机活力的重要举措。"群团事业是党的事业的重要组成部分，共青团干部也是党的干部，共青团的作风代表党的作风，因此"从严治团"被纳入共青团改革的"四维工作格局"之中。从严治团主要体现在对团干部从严从实的教育管理上。习近平总书记指出："一要讲'严'字，一个人在年轻时候多锤炼、多摔打是好事，对个人成长、事业发展都是宝贵财富；二要讲'实'字，团的工作有自身特点，团干部既要有干事创业的激情，更要有脚踏实地的作为；既要有推陈出新的勇气，更要有埋头

---

[1] 中共中央文献研究室：《十八大以来重要文献选编》（上），北京：中央文献出版社2014年版，第521-545页。

[2] 中共中央文献研究室：《习近平关于社会主义政治建设论述摘编》，北京：中央文献出版社2017年版，第188-189页。

苦干的精神；既要有谋划长远的意识，更要有一步一个脚印的行动。"①

最后，从共青团组织价值层面看。共青团的组织价值是青年赋予的，也是受到历史和实践检验的。改革开放以来，共青团的生存境遇发生深刻变化。习近平总书记指出："群团组织中存在的问题，实质是脱离群众。这些问题的存在，影响了群团组织履行职责，降低了群团组织对群众的动员力、号召力、影响力，导致群团组织在群众心目中分量下降，制约了党的群团工作健康发展，必须下决心进行纠正。"②在新的历史条件下，唯有以改革的手段增强共青团政治性、先进性、群众性，致力于解决脱离青年的问题，共青团才能赢得青年的信任和信赖。

（三）共青团改革的方法论

改革方案一旦确定，如何落实就成为关键。共青团改革的复杂性决定了由文本到实践需要一定周期，而科学的改革方法论有助于缩短共青团改革周期，确保改革过程的稳定性和协调性。共青团改革方法论是一个哲学范畴，它不是指共青团改革实践中具体的实操方法，而是指称若干具体的实操方法背后的原则性和规定性。共青团改革是全面深化改革的子系统，全面深化改革的方法论原则同样适用于共青团的改革实践。习近平总书记指出："推进局部的阶段性改革开放要在加强顶层设计的

---

① 中共中央文献研究室：《习近平关于青少年和共青团工作论述摘编》，北京：中央文献出版社2017年版，第84页。
② 中共中央文献研究室：《习近平关于社会主义政治建设论述摘编》，北京：中央文献出版社2017年版，第189页。

前提下进行,加强顶层设计要在推进局部的阶段性改革开放的基础上来谋划。"① 也就是说,共青团改革方法论不是形而上的抽象法则,全面深化改革的方法论构成了共青团改革方法论的主体结构,两者具有内在一致性。

第一,坚持顶层设计牵引改革。本轮共青团改革启动于2015年中央党的群团工作会议,随后党中央印发《关于加强和改进党的群团工作的意见》(中发〔2015〕4号文件),对包括共青团在内的党的群团组织改革创新提出"一揽子"实施方案,这意味着共青团改革被纳入全面深化改革的整体工程之中;2015年11月,习近平总书记主持中央深改组会议,审定通过上海、重庆两市"群团改革试点方案";2016年,习近平总书记主持中央政治局常委会会议和中央深改组会议,审议《共青团中央改革方案》,该方案于同年8月以党中央办公厅名义转发;2017年2月,习近平总书记主持中央深改组会议,听取上海、重庆两市群团改革试点情况工作汇报;2017年8月,习近平总书记对群团改革工作作出重要批示;2017年10月,习近平总书记在党的十九大报告中提出新时代中国青年运动的时代主题,强调深化共青团改革是增强党的群众工作本领的必然要求;2017年11月,第十九届中央全面深化改革领导小组第一次会议审议通过《中央团校改革方案》。由此可见,在本轮共青团改革的每一个重要时间节点上,习近平总书记都对共青团改革提出明确要求、亲自指导推动。在以习近平同志为核心的党中央坚

---

① 中共中央文献研究室:《习近平关于全面深化改革论述摘编》,北京:中央文献出版社2014年版,第35页。

第三章 新时代中国共青团改革的理论逻辑

强领导下,共青团改革的路线图逐步清晰,改革目标十分明确,改革实践稳步推进。

第二,坚持青年主体落实改革。共青团是青年之家。共青团改革的目标是回归青年群众。因此,坚持青年主体就成为共青团改革成果落实、落地的重要遵循。坚持青年主体是"以人民为中心的发展思想"在共青团改革中的具体化,就是要照顾青年特点,维护和增进青年利益,做青年知心朋友。一是要照顾青年特点。习近平总书记指出:"青年身上蕴藏着巨大的创造能量和活力。要充分认识青年的这种特质,适应这种特质去拓展工作,否则就会落后于青年。"[1] 共青团要把工作手臂延伸到社会各方面、各领域,把青年的创造潜能和活力激发出来,为青年成长成才创造有利条件。二是要维护和增进青年利益,把青年的衣食冷暖挂在心头,既要锦上添花,更要雪中送炭。习近平总书记指出:"随着经济社会发展,当代青年在学习生活条件总体改善的同时,在成长成才、身心健康、就业创业、社会融入、婚恋交友等方面也面临着新的困难和问题","团组织有责任去关心、爱护、帮助他们,让大家看到身影、听到声音,通过做工作既帮助了他们,又可以活跃基层团组织。"[2] 三是要做青年的知心朋友,团的干部要改进工作作风,俯下身子与青年交朋友、结对子,"主动深入基层、走近青年,知道青年想什么、要什么,真心诚意为他们办事,使他们实实在在感受到党的关怀、团的

---

[1] 中共中央文献研究室:《习近平关于青少年和共青团工作论述摘编》,北京:中央文献出版社2017年版,第67页。

[2] 中共中央文献研究室:《习近平关于青少年和共青团工作论述摘编》,北京:中央文献出版社2017年版,第65—66页。

关心、社会的关爱"①。

第三,坚持整体思维推动改革。习近平总书记指出:"注重系统性、整体性、协同性是全面深化改革的内在要求,也是推进改革的重要方法。改革越深入,越要注意协同,既抓改革方案协同,也抓改革落实协同,更抓改革效果协同,促进各项改革举措在政策取向上相互配合、在实施过程中相互促进、在改革成效上相得益彰。"②坚持整体性思维推动共青团改革,就是要准确把握共青团改革内部各要素的关系,同时也要处理好共青团改革与其他社会领域改革的关系,既要立足"团内",也要放眼"团外",在共青团改革"自转"的同时能够很好地嵌入国家治理体系和治理能力现代化的大格局之中。例如,《共青团中央改革方案》从四大方面、十二个领域提出了改革具体措施,涵盖了共青团中央的人员构成、机构设置、运行机制、干部工作、组织职能、团的活动、基层组织、条件保障等方面,该方案在纵向上注重团中央机关机构改革与基层团组织创新设置的整体性联动,在横向上注重共青团思想引领、组织动员、权益服务、社会治理、维护青少年合法权益等职能的系统优化。

---

① 中共中央文献研究室:《习近平关于青少年和共青团工作论述摘编》,北京:中央文献出版社2017年版,第82页。
② 《习近平谈治国理政》(第2卷),北京:外文出版社2017年版,第109页。

第三章　新时代中国共青团改革的理论逻辑

三、思想价值

新时代共青团改革的重要思想是中国共产党关于新时代建设一个什么样的共青团、怎样建设共青团的认识论和方法论,是马克思主义青年观中国化的重要理论成果,具有重要理论价值和现实意义。

(一)理论价值

党的十八大以来,以习近平同志为核心的党中央紧密围绕当代中国改革发展实际,推进治国理政新实践,创立了习近平新时代中国特色社会主义思想。其中,新时代共青团改革的重要思想是习近平新时代中国特色社会主义思想的重要内容,是党的十八大以来中国共产党推进党的青年工作改革创新的实践结晶和理论成果,是对马克思主义青年观的继承和发展,是一个科学严整的理论体系。

一是具有科学性。理论的科学性源于内容的客观性。新时代共青团改革的重要思想运用辩证唯物主义和历史唯物主义的科学方法论,以马克思主义青年观为理论源泉,继承和发展了中国共产党青年工作的实践传统和理论体系,根据中国共青团建设实际和中国青年运动时代主题,从推进国家治理体系和治理能力现代化、巩固党长期执政的青年群众基础的战略高度而

提出的关于共青团改革动力、改革价值、改革方法的一整套思想观点的总称,是时代逻辑、政党逻辑、青年逻辑和共青团逻辑的有机统一。

二是具有严整性。理论的严整性主要体现在命题间的逻辑关系和理论结构的稳定性方面。新时代共青团改革的重要思想完整地回答了共青团的动力问题、价值问题、方法论问题,其中动力问题是共青团改革的历史必然,决定了深化共青团改革必须在此时进行,而非彼时;价值问题是共青团改革的战略指向,决定了共青团改革的合法性和最终目标;方法论问题是共青团改革的实操范式,决定了共青团改革的路径、重点和空间。以上三者密不可分,共同构成习近平新时代共青团改革思想的内容体系。

(二)时代价值

任何一种思想理论体系的建构,都与这个时代的社会课题相伴随,彰显着时代的气息,预示着未来的走向。透过历史的长镜头可知,共青团事业是中国特色社会主义事业的重要组成部分,中国特色社会主义的时代性转化推动着党和国家各项事业的调整和变革,也驱动着共青团的转换和调试。1978年年底,中国正式进入"改革时间",其间,共青团规模较大且收效明显的改革当数20世纪80年代中后期推动的共青团体制改革,其改革目标是把共青团建设成为社会职能明确、民主生活健全、基层充满活力、代表青年利益、赢得青年信任的先进青年的群众团体;在中国共产党领导下独立自主地开展工作,更好地在社会主义物质文明、精神文明和民主政治建设中发挥积极作用。

第三章 新时代中国共青团改革的理论逻辑

党的十八大以来，中国步入新一轮"改革周期"。中国特色社会主义进入新时代，站在新的历史方位上，如何更好地发挥共青团联系青年的桥梁纽带作用，如何更好地团结凝聚青年为实现党的目标而努力奋斗，如何更好地使共青团工作与党的其他工作和社会生活其他领域的工作紧密结合、最大限度发挥共青团组织效能，如何保持社会转型期共青团的生命力和战斗力。新时代共青团改革重要思想的时代价值，正是在回答上述问题中得到有力彰显和印证。

（三）实践价值

科学理论的生命力在于，它在不同的历史条件下，在与社会实践和人民群众的结合中不断丰富和发展着自身的理论体系，并在社会实践和人民群众的双重检验中确证理论体系自身的科学性和价值性。在新时代推进共青团改革发展，强化共青团干部的思想理论武装是重点。一方面，共青团改革要始终坚持共青团改革的正确政治方向。任何一项社会改革必然引发广泛的舆论关注和社会评论，共青团改革同样如此。"走什么改革、朝什么方向改革"是关乎共青团改革成败的重大原则问题，对此我们必须保持清醒头脑。要把增强政治性放在首位，毫不动摇坚持党对共青团改革的领导，坚定不移走中国特色社会主义群团发展道路才是共青团改革发展的根本之路。习近平总书记指出："保持和增强党的群团工作的政治性，关键是群团组织必须自觉坚持中国共产党的领导。坚持党的领导是党的群团工作的根本保证，是必须坚持的正确政治方向，也是党的群团工作

的优良传统。"① 另一方面,共青团改革要注重与社会其他领域改革工程相衔接。习近平总书记指出:共青团"必须把围绕中心、服务大局作为工作主线"②。在实践中,要准确把握共青团改革的着力点和突破口,既要做好共青团自身改革创新的"规定动作",还要善于在全面建设小康社会、全面深化改革、全面依法治国、全面从严治党的大格局中拓展共青团改革发展的空间,使共青团改革成为其他社会领域改革的"助推剂"。

---

① 中共中央文献研究室:《习近平关于青少年和共青团工作论述摘编》,北京:中央文献出版社2017年版,第70页。
② 中共中央文献研究室:《习近平关于青少年和共青团工作论述摘编》,北京:中央文献出版社2017年版,第62页。

第四章

新时代中国共青团改革的基本原则

  政党青年组织转型是政党自我调节的一个缩影。政党寓于社会之中,嵌于国家政治形态之内,国家与社会关系的变化是政党转型的直接推动力量,也构成政党青年组织转型的基本动力。政党青年组织转型不是随心所欲的,一方面受到社会政治—经济—文化结构的制约,另一方面受到自身历史传统与政治属性的限定。这就决定了,新时代共青团改革必须遵循一定的原则和章法,坚持党管青年是共青团改革的根本原则,树立系统观念是共青团改革的实践理性,促进青年发展是共青团改革的价值导向,只有将上述原则统一起来,才能确保共青团改革始终沿着正确方向和轨道进行。

第四章　新时代中国共青团改革的基本原则

一、坚持党管青年：共青团改革的根本遵循[①]

党管青年原则是中国特色社会主义进入新时代以来，以习近平同志为核心的党中央立足世界百年未有之大变局和中华民族伟大复兴战略全局，将马克思主义青年观同中国青年运动、中国共产党青年工作、当代中国青年发展具体实际相结合，提出的具有开创性的理论成果、制度安排和政治原则，是做好新时代党的青年工作的根本遵循，是中国特色社会主义青年运动向前发展的政治保证，是习近平总书记关于青年工作思想的重要组成部分。作为一项重大理论创新与制度创新，"党管青年"原则规定了中国共产党与中国青年的根本政治关系，阐明了新时代中国青年运动必须毫不动摇坚持中国共产党领导的根本原则。

（一）党管青年原则的提出与阐发

党管青年原则是新时代马克思主义青年观中国化的一项重大理论成果、政治成果和制度成果。从既有公开的文献体系看，党管青年原则的形成与发展大致历经两个阶段。

[①] 刘佳：《"党管青年原则"的概念提出、理论议程与研究任务》，《北京青年研究》2022年第1期，第18-24页。

1. 作为促进青年发展的指导思想首次提出

"党管青年原则"作为一项全新的政治术语,首先是以青年发展指导思想的政策形式提出的。2017年4月13日,中共中央、国务院发布《中长期青年发展规划(2016—2025年)》(本章节中统称《规划》),这是新中国成立以来党和国家制订的第一份以青年发展为主题的全国性专项规划。《规划》提出,要站在党和国家事业后继有人、兴旺发达的高度,把青年发展摆在党和国家工作全局中更加重要的战略位置。为此,《规划》明确了促进青年发展的十大重点领域,制定了支持青年发展的十项重点工程。虽然《规划》是一份"专项型"规划,但规划涉及思想道德、教育、健康、婚恋家庭、就业创新、文化、社会参与与融入、权益维护、法治与安全、社会保障等多方面具体内容,关联党的组织、宣传、统战、群团等职能机构,以及政府系统的教育、卫健、民政、人社、文化、司法等多个公共部门。《规划》内容的全面性、系统性、复杂性要求必须加强党对青年发展规划实施和监测的集中统一领导,必须发挥党总揽全局、协调各方的领导核心作用。因此,《规划》在阐述促进青年发展必须坚持的"指导思想"时明确提出"坚持党管青年原则"。这是党管青年原则首次进入党和政府的公开性政治文件中。

《规划》在理论上的一大贡献,就是第一次公开提出了党管青年原则,这是对马克思主义青年观中国化的重大发展和创新。在中国共产党青年工作的理论资源中,有许多人们比较熟悉的青年工作原则,如坚持党的领导原则,坚持围绕中心、服务大局原则,坚持党建带团建原则,坚持思想政治工作生命线

第四章　新时代中国共青团改革的基本原则

原则等。《规划》第一次将党管青年原则提升至党的青年工作的"指导思想"的高度，它既是落实青年发展政策必须遵循的基本原则，也是我们党领导青年工作的深刻总结和理论概括，它使党的青年工作的若干理论原则得以整体性、系统性呈现，"党管青年主要是管战略、管政策、管协调、管服务，包括提出青年发展战略，制定和实施重大青年政策，协调各方面力量共同参与和推动青年工作，为青年学习成长、干事创业提供具体服务"①。

然而，《规划》对党管青年原则的理论内涵、政治意蕴和实践价值并没有作进一步展开论述。《规划》出台后，2017年4月19日，《中国青年报》发表《坚持党管青年原则　促进青年更好发展》的评论员文章，提出落实党管青年原则的三点要求。2017年5月17日，国新办举办新闻发布会，共青团中央负责人指出："《规划》第一次鲜明提出坚持党管青年原则、'党和国家事业要发展，青年首先要发展'的理念，这是对马克思主义青年观的丰富与发展。"②对于如何全面完整理解党管青年原则，《中国青年报》评论员文章和国新办新闻发布会都没有作出详细解读，这就为后续的政治阐发和理论研究留下了很大的空间。

---

① 张良驯：《新时代青年工作理论创新研究——对〈中长期青年发展规划（2016—2025年）〉青年工作思想的分析》，《青年发展论坛》2018年第1期，第3-11页。
② 《〈规划〉第一次提出坚持党管青年原则》，http://www.scio.gov.cn/xwfbh/xwbfbh/wqfbh/35861/36711/zy36715/Document/1552462/1552462.htm。

2. 政治原则与政治方向的多维阐发

党管青年原则既是青年发展政策体系的指导思想，也是党在青年工作领域的根本政治原则。2017年9月，党的十九大召开前夕，中共中央文献研究室编辑整理的《习近平关于青少年和共青团工作论述摘编》由中央文献出版社出版，该书对习近平总书记关于坚持党对中国青年运动和青年群众工作的领导作了全面系统整理，突出反映了习近平总书记关于青年工作重要思想的核心要义、丰富思想与实践要求，也是理解党管青年原则政治意蕴和理论内涵的权威读本。2017年9月13日，团中央书记处第一书记贺军科在学习《习近平关于青少年和共青团工作论述摘编》主题读书班上指出：党管青年原则"为做好党和国家青年工作进一步明确了根本政治原则，也为青少年和共青团工作始终沿着正确方向发展提供了根本政治保证"[①]。

2018年6月26日，贺军科在共青团十八大报告中将党管青年原则作为习近平新时代中国特色社会主义思想在党的青年工作领域中的具体体现："强调党管青年的根本原则，不断加强党对共青团的领导，重视长远规划青年发展，要求全党做青年朋友的知心人、青年工作的热心人、青年群众的引路人。"[②]2018

---

① 贺军科：《在共青团中央、全国青联、全国学联、全国少工委学习〈习近平关于青少年和共青团工作论述摘编〉主题读书班上的讲话》，《中国共青团》2017年第10期，第4-11页。

② 贺军科：《高举习近平新时代中国特色社会主义思想伟大旗帜 奋力谱写决胜全面建成小康社会 全面建设社会主义现代化国家的壮丽青春篇章——在中国共产主义青年团第十八次全国代表大会上的报告》，《中国共青团》2018年第7期，第11-23页。

第四章 新时代中国共青团改革的基本原则

年7月2日,习近平总书记在同团中央新一届领导班子成员集体谈话时,对党管青年原则的内涵做了进一步阐述:"党中央明确了青年工作的战略地位、中国青年运动的时代主题、青年工作的职责使命、青年一代健康成长的正确道路、青年工作的路径方法、共青团改革发展的目标任务,明确了必须加强党对青年工作的领导。"[①] 由此可见,党管青年原则在内容上主要包含青年工作、青年运动、青年成长、青年组织四方面。

党管青年原则也是政治方向,要求政党系统和政府系统协同发力,将青年发展纳入政府议程,推动青年发展政策落到实处。2019年3月25日,团中央组建中长期青年发展规划专家委员会,贺军科在成立会议上指出,落实党管青年原则,要求在社会治理全局中谋划和推动青年事务发展,把青年事务摆在党治国理政的战略全局中谋划和推进,这是《规划》的本质。2020年12月,共青团中央印发《关于"十四五"时期推动〈中长期青年发展规划（2016—2025年）〉纵深实施的意见》,将党管青年明确为落实青年发展规划的政治方向,要求"从党和国家事业薪火相传、后继有人的战略高度,坚持各级党委对青年工作的集中统一领导,推动青年发展逐步纳入政府事务"。

（二）党管青年原则的理论视野

政治实践进程牵引理论研究议程。"党管青年原则"正式提出于2017年,在不到五年时间内,党中央和共青团中央围绕如

---

① 《习近平在同团中央新一届领导班子集体谈话时强调 代表广大青年赢得广大青年依靠广大青年 让广大青年敢于有梦勇于追梦勤于圆梦》,《人民日报》2018年7月3日。

何理解党管青年原则的内涵所指、重大意义和工作要求,在多个场合、多部文件中予以阐述。2017年以后,学界对党管青年原则的学理研究逐步升温,一些学理化、系统性研究成果涌现,对党管青年原则的认知与把握也逐步从政治性原则推进到学科性视野。

1. 思想要义

概念是理论的基础,理论研究总是从概念定义和内涵辨析开始的。党管青年原则是中国青年运动百年历史的经验总结,也是中国共产党青年工作的重要政治原则。《规划》并未对党管青年原则的理论内涵作翔实阐释,因此如何理解这一原则的理论内涵和思想要义,就成为学界关注的焦点问题。有学者从话语解剖的角度对党管青年原则作了定义:"党管青年是指中国共产党关心青年、教育青年、管理青年和服务青年,把青年更好地组织起来,对青年进行政治引导、能力培养、岗位使用,促进青年得到更好的发展,维护和实现青年利益。""党管青年从根本上说是党要掌握对青年事务和青年工作的领导权,把各类青年群体和广大青年凝聚在党的周围,为党的事业发展奠定厚实的青年群众基础。"

这一定义基本上展现了党管青年原则在青年工作实践中的具体领域,但存在三个不足。第一,作为党管青年原则最重要的制度性安排,党管共青团组织的意涵维度在上述定义中没有凸显出来。第二,党管青年中的"管"既是领导方式,也是技术手段,在上述定义中只看到了技术手段的维度,没有看到领导方式的维度。实际上,党管青年在实践层面上集中体现为

第四章 新时代中国共青团改革的基本原则

中国共产党对中国青年运动的时代性引领、对青年群众工作的政治性领导、对青年成长发展的战略性支持。第三，在上述定义中没有看到党管青年原则的制度理性，党管青年是规范中国共产党与中国青年关系的重大政治原则，这一政治原则以制度化形式呈现出来并实际运行，缺少制度内涵的理论解释是不完整的。

2. 政治机理

从政治原则的表层深入政治机理的内部，是学界推进党管青年原则研究走向学科化、学理化空间的重要一步。有学者从共同体的结构张力以及近代以来中国社会历史进程中的政党与青年关系变迁出发，揭示了党管青年原则的历史源头及其政治逻辑。他认为，近代以来，中国古典社会结构的崩解以及低组织化的社会网络形态决定了中华民族要想实现从低谷走向复兴的伟大转折，必须借助于现代政党的力量，只有政党才能把一盘散沙的中国社会重新聚合。这一历史性重任经由历史和人民的选择，最终由中国共产党来承担，"在中国共产党的领导下，中国人民推翻了三座大山，使传统的社会结构得到了颠覆性的解构，而依附于传统社会共同体之中的青年，也作为最具革命性的力量被解放出来，并在社会和政治两个层面上，按照现代社会和政治的方式被重新组织化"，"中国共产党能不能赢得作为最具有革命性与发展性的社会力量的青年，就成了革命能否取得成功以及能否赢得未来的重要条件之一。因此，中国共产党对青年的领导与组织，即党管青年既是青年发展的需要，也是中国共产党发展的需要，是中国现代文明发展的内在逻辑所

决定的"。

上述研究从中华文明变迁转型的历史高度看到了党管青年原则作为一项政治性准则在中国社会历史空间中出场的必然性和必要性,在"源头"意义上揭示了党管青年与党领导中国革命、建设、改革历史实践的内在统一性。但仍有两个问题需要进一步探讨。第一,党管青年原则"源头"追溯的彻底性问题。实际上,共产党的创始人马克思、恩格斯很早就意识到青年运动领导权必须由无产阶级来掌握,青年运动必须汇入无产阶级革命运动的历史洪流中。在这个意义上,我们认为党管青年原则是马克思主义政党的一项政治实践传统,它的提出与中国社会历史情境的特殊性有关,同时也是对马克思主义政党政治实践传统的坚守和再运用。第二,党管青年原则的实现机制问题。政治机理是抽象的,需要逻辑分析;也是具体的,可以通过结构与过程展现出来。而党管青年原则的贯彻和落实必须通过一套行之有效的制度安排和工作程序予以保障,这就需要将研究视角推进到党管青年原则的政治实践进程及其制度形态之中,制度建构及其实践机制要比逻辑性阐释复杂得多。

3. 理论意义

党管青年原则在马克思主义青年观中国化发展史中的标志性意义,是习近平总书记关于青年工作重要思想的重要组成部分,把我们党对青年工作本质和规律的认识推向一个新高度。有学者认为:"党管青年原则是马克思主义青年观在新的发展阶段最鲜明的理论创新和对现实最鲜明的制度回应,党是青年发展和青年工作的第一主体并承担主体责任是其核心内涵","党管青年原则更加强化党与青年的关系、更加凸显青年对党的重要性，表明党在新的发展阶段对包括青年干部和青年人才在内的青年群体作用的认识更加深刻全面，对青年发展内在规律的把握更加科学准确"①。党管青年原则延续了党长期以来在青年工作中的指导理念并且将其制度化，是新形势下青年工作和青年发展事业的规律性认识，丰富和发展了马克思主义青年观，在青年工作和青年事业中具有管总性、根本性、方向性意义②。

党管青年原则是马克思主义青年观中国化的"恒量"。中国共产党百年来推进马克思主义青年观的历史进程、理论创造和实践创新，就是党管青年原则最生动、最鲜活的历史实践。党管青年原则也是马克思主义青年观中国化的"变量"。在新的历史起点上，以习近平同志为核心的党中央推进实践基础上的理论创新，第一次明确提出党管青年重要原则，丰富和发展了关于马克思主义政党领导权的思想，是中国特色社会主义最本质特征和最大制度优势在中国青年运动、青年群众工作、青年发展事业中的集中体现。

（三）党管青年原则的核心要义

党管青年原则是以习近平同志为核心的党中央将马克思主义青年观同中国青年运动、青年群众工作、青年发展事业、青年组织建设具体实际相结合的重大理论创造成果、重大制度创

---

① 王义军:《深入学习新的发展阶段习近平青年工作思想》,《青年研究》2017年第6期，第9-12页。

② 石国亮:《我们为什么要面向青年出台专门的"规划"——从"青年不是弱势群体"谈起》,《中国青年社会科学》2017年第4期，第1-9页。

新安排，是习近平新时代中国特色社会主义思想在党的青年工作领域的集中体现，是贯穿习近平总书记关于青年工作重要思想的根本立场和政治主脉，是习近平总书记对马克思主义青年观的原创性贡献。

1. 党管青年原则具有深厚历史底蕴

党管青年原则是马克思主义政党的政治实践传统。世界上第一个共产党——共产主义者同盟的前身"正义者同盟"成立伊始就把青年工作牢牢抓在手上，正义者同盟创办《年轻一代》杂志，面向青年工人和青年无产者宣传劳动解放理念，深入工厂组织和发动青年工人开展罢工运动。1847年，马克思、恩格斯将正义者同盟改造为共产主义者同盟，继承了正义者同盟青年工作的传统，在同盟外围建立面向各行业青年工人的外围组织和工人俱乐部，传播科学社会主义思想，指导青年工人运动。党管青年原则是对马克思主义政党始终高度重视青年工作政治传统的继承和发展，是科学社会主义基本原则在新的历史条件下的守正创新。

党管青年原则是中国共产党领导青年运动百年历史的深刻总结。中国共产党成立百年来，始终把中国青年运动的领导权、指挥权、决策权、话语权牢牢抓在手上。坚持共产党领导是中国青年运动同西方青年社会运动的根本区别，是党的青年工作的制度优势和本质特征，党管青年原则是对中国青年运动历史逻辑、实践经验、政治属性的深刻揭示，是中国青年始终成为中华民族伟大复兴先锋力量的根本奥秘。

党管青年原则是对新时代党的青年工作实践经验的理论概

括。党的十八大以来，以习近平同志为核心的党中央立足世界百年未有之大变局和中华民族伟大复兴战略全局，形成了习近平总书记关于青年工作的重要思想，推动党的青年工作、中国青年运动、青年发展事业取得历史性变革，积累了大量成功经验。这些实践经验概括起来就是一句话：党管青年原则。党管青年原则是党的青年工作的"纲"和"魂"，各项青年工作和青年事务必须以此为根本遵循。

2. 党管青年原则具有丰富思想内涵

党管青年原则深刻阐明了中国青年运动和青年工作的领导权归属与本质属性的问题。青年工作不是一般的事务性工作，而是关系党的事业薪火相传、后继有人的政治工作，是党要亲自抓在手里的工作，是"国之大者"。

一是党管青年思想。用马克思主义及其中国化理论成果，特别是用习近平新时代中国特色社会主义思想武装青年头脑，坚定广大青年对中国特色社会主义的政治认同、理论认同、历史认同和情感认同，培养和塑造实现中华民族伟大复兴的先锋力量。

二是党管青年运动。新时代中国青年运动就是坚持中国共产党领导，同人民一道，为实现"两个一百年"奋斗目标、实现中华民族伟大复兴的中国梦而奋斗。

三是党管青年政策。突出青年政策的公益性、青年性、社会性取向。党和政府帮助青年排忧解难，把满足青年对美好生活的向往作为青年政策制定的基本出发点和落脚点，推动青年发展规划全面落实，加强对青年发展规划执行情况的动态监测。

四是党管青年组织。中国共青团是党领导下的先进青年群团组织,坚持以政治建设为统领,加强共青团系统党的建设,增强"四个意识",坚定"四个自信",坚决维护党中央权威和集中统一领导,旗帜鲜明抵制各种歪风邪气,保持风清气正和良好形象。构建以共青团组织为核心的政党青年组织体系。

五是党管青年人才。聚天下英才而用之。把发现人才、培养人才、用好人才作为重大战略工程。制订青年人才发展规划,组织联络海内外各界人才,为青年人才脱颖而出创造良好制度环境,为青年人才干事创业搭建平台。

六是党管青年干部。青年干部是党的干部队伍的后备力量,青年干部不能搞特殊化,必须高起点、严要求。习近平总书记强调:"虽然大家主要做党的群团工作,但时刻都要牢记自己是党的干部,党对大家的要求和标准是一样的,必须做到信念坚定、为民服务、勤政务实、敢于担当、清正廉洁,努力做让党放心、让人民满意的好干部。"

第四章 新时代中国共青团改革的基本原则

二、树立系统观念：共青团改革的逻辑链条①

以青年为中心的共青团改革是一项复杂的社会系统工程，要在国家治理体系和治理能力现代化的大格局中把握共青团改革的时空定位和关系链条，树立系统观念，稳妥有序推动共青团改革。一是把握好共青团改革与全面深化改革的关系，坚持"以青年为中心"的共青团改革导向；二是把握好共青团历史传统与现实境遇的关系，搭建服务青年与市场逻辑有效对话和衔接的平台机制；三是把握好思想引导与服务青年的关系，以加强基层服务型团组织建设为重点实现思想引导服务青年的逻辑归一；四是把握好共青团改革的实践探索与方法论的关系，从实践空间、工作体系、工作格局和存在场景中凝练共青团改革的方法和原则，增强改革的针对性和现实性。

（一）共青团改革与全面深化改革的关系

党的十一届三中全会对当代中国社会的走向产生深远影响，更从根本上变革了共青团生存和发展的外部环境。

进入新时代，中国共青团迎来了继 20 世纪 80 年代改革行

---

① 刘佳：《共青团"回归青年"的关系链条与改革前瞻》，《中国青年社会科学》2016年第6期，第58-63页。

动后的又一次改革大潮。尤其是2015年《中共中央关于加强和改进党的群团工作的意见》和中央党的群团工作会议对共青团改革指明了方向、提出了要求、作出了安排,习近平总书记多次对共青团改革作出指示、批示,并亲自审阅上海、重庆两市的"群团改革试点方案"和《共青团中央改革方案》,共青团改革正全面铺开。

要准确理解共青团改革的意义、目的和方法,必须立足于共青团改革的时代大背景、大格局、大环境,即全面深化改革的战略设计对共青团建设提出新的要求。2013年,党的十八届三中全会通过的《中共中央关于全面深化改革的若干重大问题的决定》强调,"统筹党政群机构改革,理顺部门职责关系","充分发挥工会、共青团、妇联等人民团体的作用,齐心协力推进改革"。共青团是党领导下以青年群众为工作对象的群团组织,也是国家治理体系的一员,改进共青团机构设置,强化共青团服务职能,对于理顺党团、政团、社团关系,更好地发挥共青团的桥梁纽带作用,引导动员广大青年投身全面深化改革的伟大实践具有重要价值。习近平总书记强调:共青团要"在党和国家工作大局中找准自身工作的切入点和结合点,组织动员广大青少年支持改革、促进发展、维护稳定"[①]。

以共青团为代表的群团组织是我国社会治理的基本力量,共青团改革是推进国家治理体系和治理能力现代化的重要一环。从中央政治局会议专题讨论群团工作到中央党的群团工作会议

---

① 中共中央文献研究室:《十八大以来重要文献选编》,北京:中央文献出版社2014年版,第281页。

首次召开，从中央四号文件出台再到党中央办公厅印发《共青团中央改革方案》，共青团改革已经由政治规划转为政治行动，一幅由"执政党谋划设计—地方共青团改革探索—共青团中央改革实践—共青团全领域、全要素改革实践"的共青团改革蓝图清晰地呈现出来，无论处于何种意义坐标上的改革探索，共青团始终坚持着"以青年为中心"的改革方向。问题倒逼改革，改革破解难题。我们要以一种历史情怀、大局观念、整体意识和系统思维研究共青团改革中面临的各种难题，要从涉及共青团改革的诸多关系中厘清主要与次要、主流与支流、关键与细节、多数与少数、整体面与小角度等关系，把握好共青团改革的大方向、大格局，打造一个小巧而精致、真诚而充满活力的、具有中国特色、符合青年特点、顺应时代大势的马克思主义青年组织。

（二）共青团历史传统与时代境遇的关系

回溯历史，党与团几乎创建于同一时空坐标下，两者的历史使命高度契合。共青团始终把党的指导思想、奋斗目标、主要任务作为自身的指导思想、奋斗目标、主要任务，尽管在不同历史时期，党和团面临的形势和任务各有不同、各有侧重，但"党带团走、团跟党走"作为100多年来党团关系发展的基本主轴，始终没有改变。

党团关系的相对稳定性还内在地隐含着这样一则定律：在组织宗旨层面上，共青团的宗旨与党的宗旨一脉相承，即全心全意为人民服务，这一宗旨在两个组织的章程中分别明文确定。两者区别的是：党以维护好、发展好全体人民的共同利益为目

的，党的一切工作就是使改革发展稳定成果惠及全体人民；共青团以维护和发展共青团员乃至全体青年群众的共同利益为旨归。这里所说的"利益"，既包括青年个体的具体利益，也包括青年群众的整体利益；既包括青年群众眼前的现实利益，也包括青年群众长远的根本利益。共青团维护青年利益的根本目的在于巩固并扩大党执政的青年群众基础。同时，共青团的"小宗旨"又寓于"执政党"的大宗旨，并且"小宗旨"的践行将对"大宗旨"的落实和认同产生深刻的影响。

　　马克思主义唯物史观认为，追求利益和利益的最大化，是个体行动的内在驱动力，任何思想主张和行为体系都离不开利益的动机。从历史逻辑来看，服务青年利益是共青团与青年群众发生联系、产生影响的黏合剂。无论历史时针如何拨转，共青团服务青年利益的宗旨始终熠熠生辉，这也是共青团100多年来永葆青春活力的奥秘所在。1922年，团的一大制定的《中国社会主义青年团纲领》指出："中国社会主义青年团为中国青年无产阶级的组织，即为完全解放无产阶级而斗争的组织"，"一方面为改良青年工人、农民的生活状况而奋斗，并为青年妇女、青年学生的利益而奋斗；另一方面，养成青年的革命精神，使其向为解放一般无产阶级而奋斗的路上走"。新中国成立后，共青团工作的重点在于找到国家建设和青年利益之间的契合点。1953年，《中共中央关于加强党对青年团的领导给各级党委的指示》强调："青年团在吸引青年参加党的各项中心工作和国家的建设事业中，要不断地加强团组织建设和善于根据青年的特点，采用适合青年的生动活泼的方法进行工作；要适当照顾青年的各项特殊要求与关心青年的切身问题；要注意环绕中心工作去

第四章　新时代中国共青团改革的基本原则

开展青年的各种特殊工作。"1988年团的十二大报告在总结改革开放时期共青团工作的基本经验时指出:"在维护全国人民总体利益时,代表和维护青年的具体利益,是共青团的重要社会职能之一。只有表达青年的意愿,才能紧密联系青年群众;只有真正代表青年的利益,才能赢得青年的信任。"① 2015年,共青团中央书记处在《人民日报》刊文指出:"把青年需求作为工作的立足点,把青年满意作为衡量工作成效的基本标准。"由此可见,"服务青年利益、满足青年需求、照顾青年特点"是共青团的基本职能,是共青团的组织符号、历史传统和文化精髓。

服务青年不仅要提供服务产品,还要增强服务能力。对此,《共青团中央改革方案》提出要把"服务"作为维护青年利益的工作抓手,服务工作要面向大众、面向底层、面向短板,"更加注重直接服务普通青年,努力打造直接联系服务青少年的重点服务项目,开设直接面向青年的活动场所,适应青年的作息特点合理安排工作时间,提升服务能力"。

(三) 共青团思想引导与服务青年的关系

共青团的职能主要是组织青年、引导青年、服务青年、维护青少年合法权益。其中,引导青年是共青团在意识形态领域的职能,服务青年是共青团在青年社会生活领域的职能。根据共青团的建团逻辑,思想引导主要是做青年的思想工作,目的在于推进马克思主义青年化、大众化,坚定青年对中国特色社

---

① 共青团中央办公厅:《党的十一届三中全会以来共青团重要文件汇编》,北京:中国青年出版社2001年版,第124页。

会主义的道路自信、理论自信、制度自信、文化自信；服务青年主要是做青年的权益维护和保障工作，目的在于满足青年日益增长的物质产品和精神文化产品需求，为青年成长成才搭建好平台，提供好支撑。因此，在过去的团建实践中，引导青年与服务青年是两个相对独立的工作空间和维度，各有其工作的重心和侧重点。因此，在政治文件中，引导青年和服务青年是并列表述的。

然而，思想引导青年是一个以"政治价值观认同"为核心的开放多元的实践体系。

第一个层次是理想信念引领：引领青年树立共产主义远大理想和中国特色社会主义共同理想，组织动员青年认真学习中国特色社会主义理论体系，夯实党执政的青年群众基础和社会心理基础。

第二个层次是价值观念培育：在青年群众中培育和践行社会主义核心价值观，帮助青年明确个体成长的价值定位和行为选择，强化青年的社会责任意识、历史担当精神和国家民族情怀，培育向上向善的青春正能量，使社会主义核心价值观内化于心、外化于行。

第三个层次是生活理念引导：引导青年群众树立正确的生活观、严谨的学习观、理性的恋爱观、乐观的职业观、严肃的纪律观、健康的兴趣观等，理性看待个体成长中的现实矛盾和挫折挑战，促进青年个体自由、健康、快乐地成长发展。

思想引导青年不是简单的书斋式教育和思想灌输，其具有有效性的关键在于能否使共青团的意识形态工作融入青年的公共生活、个体生活和情感生活之中，而"服务"则是意识形态

第四章　新时代中国共青团改革的基本原则

话语向生活话语转变的重要途径。

从服务青年的角度来看,服务青年虽然是共青团职能的题中应有之义,但明确提出"服务青年"的工作理念是在我国确定进行社会主义市场经济改革之后[①]。团的十七大报告指出:"随着经济社会快速发展,当代青年的追求和梦想更加丰富多彩,需求和利益更加广泛具体,成长与发展需要更多的支持与帮助。共青团只有竭诚服务青年、切实维护青少年合法权益、努力为青年'圆梦'创造条件,才能更好地团结凝聚广大青年。"团的十七大报告将共青团服务青年概括为"千方百计促进青年成长成才""尽心尽力服务青年所急所盼""满腔热忱关爱困难青少年群体""依法有序维护青少年合法权益"四项具体内容。实际上,服务青年也包含着执政党和共青团的意识形态诉求,即帮助青年树立正确的价值观、社会观、法治观和成才观,引导青年朝着正确的人生方向前行,避免青年在资本强势的市场环境中迷失方向、价值沦陷、失去自我。

引导青年和服务青年的根本目的就在于强化共青团与青年的联系,更好地发挥好共青团在青年与政党之间的桥梁与纽带作用,巩固和扩大党执政的青年群众基础。从这一点来说,共青团的引导与服务又是不可分割的有机整体。甚至我们可以这样讲,在市场逻辑前提下,共青团引导青年的实现,必须借助于服务青年的手段,否则引导青年很可能陷入"无效的循环"和"尴尬的困境"。"尤其是社会性色彩浓于政治性色彩的基层

[①] 胡献忠:《共青团职能历史演进与拓展的文本分析》,《中国青年社会科学》2015年第5期,第65—70页。

团组织，更需要通过社会逻辑（利益关系、情感关系等）去联系青年，将大道理转化成与普通青年日常工作和生活密切相关的小道理。通过履行社会性功能，实现政治性功能，这也是共青团区别于一般社会组织的关键所在。"①

引导青年的重点在基层，服务青年的重心也在基层。对基层共青团而言，实现引导和服务的逻辑归一，是共青团回归青年群众的重要路径。其实早在2014年，共青团中央就印发了《关于加强基层服务型团组织建设的意见》，这份意见在第五条"强化服务功能"中强调："各领域基层团组织要在深化现有服务品牌和项目的同时，根据改革发展的新要求和团员青年的特点，找准重点方向，拓展服务内容，提高服务的针对性和有效性，推动形成持久有效的社会功能。""各领域团组织要把培养中国特色社会主义事业的建设者和接班人作为根本任务，有针对性地开展青少年思想引导工作。"这份意见将服务与引导并列论述，突出了"服务中有引导、引导中有服务"的工作理念。只有让青年群众看到了实实在在的切身利益，青年才愿意舍弃其他选项而选择共青团。在共青团改革实践中，我们有必要重温这份重要文件，着力破解基层团组织服务能力建设难题，使共青团引导青年能够踩在点上、服务青年能够抓住关键。

（四）共青团改革的实践探索与方法论的关系

在国家政治生态系统中，共青团是不可或缺的要素，共青

---

① 胡献忠：《新常态下共青团发展图景与反思——回归物质决定意识的原点和常识》，《青年探索》2015年第6期，第5—11页。

第四章 新时代中国共青团改革的基本原则

团改革的成功与否也必将对整个国家的政治生态系统的运行产生深刻影响。共青团改革是一项复杂的社会系统工程，透过从中央开会部署、出台政策文件到地方试点探索的链条就可见一斑。共青团改革，要坚持科学改革、稳步推进、统筹协调、党的领导四个基本原则，既要在历史的经验教训中汲取启迪和智慧，又要在地方改革的实践探索中找到破解改革难题的"药方"。从这个角度来讲，共青团回归青年群众，不仅涉及共青团的工作设计、工作理念和工作方法的问题，还从深层次上涉及共青团改革的方法论问题。

共青团改革的复杂性决定了由方案文本到实践成果需要一定的周期和过程，而科学的改革方法论将有助于缩短共青团改革的周期，确保改革过程的稳定性和协同性。共青团改革方法论是一个哲学意义上的名词，它不是指共青团改革实践中具体的实操方法，而是指若干具体的实操方法背后的一般性原则和规定，是对共青团改革具体方法的抽象和凝练。方法论问题对共青团改革至关重要。其一，共青团改革的复杂性、艰巨性和现实性等特点，决定了共青团改革必然会触及某些政治集团的利益，改革既面临机遇，更面临阻力和风险，如果不懂得科学改革、统筹谋划、协调配合，那么改革的成果将会大打折扣，而科学改革、统筹谋划、协调配合正是共青团改革方法论的核心要点。其二，共青团是党领导下的群团组织，中央党的群团工作会议对群团改革作出部署，共青团改革的方法论将为工会、妇联等其他群团组织改革提供有益经验。因此，凝练共青团改革的方法原则具有重要的实践价值，也将成为共青团改革的重要理论成果。其三，从具体实践来看，共青团改革面临着一些

外部杂音,如何凝聚共识、统一思想,是共青团改革过程中不可回避的现实课题,共青团改革的方法论将在其中发挥重要作用。

从工作体系维度来看,共青团改革还要处理好"破"与"立"的关系。共青团改革,不能走两个极端。一是为了回归青年群众而抹杀共青团的政治性和先进性,二是为了改革将已有的工作体系和工作传统"推倒重建""从零开始"。共青团要在破与立的动态互动中实现回归青年群众的改革目标。一方面,要打破共青团陈旧的、落后的、不合时宜的工作体制和工作机制,减少行政化办公程序,增加调研走访工作权重,要经常性、常态化地与青年交朋友、结对子;打破文件政治的工作逻辑,强化情感、兴趣、爱好、乡愁、时尚文化等要素在动员、引导和服务青年中的重要作用。另外,要搭建新平台、新阵地,既要夯实基层共青团的组织基础,也要注重在青年自组织、青年网络组织、流动青年群体、海外华人青年群体等青年存在空间的团建工作,既要做到能覆盖、覆盖全,还要真正发挥共青团的组织功能,让青年拥有现实获得感。

从工作格局的维度来看,共青团要善于在社会主义现代化建设和实现中华民族伟大复兴中国梦的大格局中找准自身存在、发展和改革的定位,要认真思考如何在"四个全面"战略布局中发挥作用,要认真思考如何与党的思想政治工作部门和政府青少年事务管理部门的职能相区别,共青团改革要与其他社会领域改革工程相衔接,要积极主动构建团的活动空间和工作场景,"以青年为中心"创造性地开展团的活动。

从存在场景的维度来看,共青团要主动融入市场经济改革

第四章　新时代中国共青团改革的基本原则

大潮，要与国家治理体系和治理能力现代化建设相衔接，根据共青团的存在场景有针对性地设计不同行业和领域的改革方案。比如，高校共青团改革要以学生组织改革为突破口，在学校层面理顺校团委、学生会、社团联合会关系，探索学生组织参与学校民主治理的新渠道，扩大学生会主席团和学生代表大会的代表范围，设立学生执行主席制度，建立共青团干部及学生会干部联系青年学生和班级制；企业共青团改革要以激发青年职工创造力和能动性为中心，与企业工会改革同步推进，保障青年职工合法权益，畅通青年职工民主参与企业管理的渠道和空间；农村共青团组织改革要融入社会主义新农村建设、精准扶贫、农业现代化等国家战略，关注留守儿童、青年农民工、农村特困青年等弱势群体，在丰富农村文化生活、整合农村青年劳动力、发展多种农业经营等方面谋划改革方略；新社会组织共青团改革要着力破解覆盖面不足、影响力有限等问题，要善于上下联动、整合资源，打造新社会组织的青年之家。

共青团改革是一项"回归青年群众""以青年为中心"的社会改革工程，在"四个全面"战略的大格局中，共青团改革要准确把握共青团的定位、方向和目标，增强共青团改革的后劲和可持续性。在共青团改革实践中，要树立历史视野和系统思维，处理好历史与现实、服务与引导、经验与方法的关系，真正使共青团改革成果落实、落地。

三、促进青年发展：共青团改革的价值主脉[①]

改革是这个时代的最鲜明主题。对共青团而言，改革就意味着机遇的增量。一方面，要积极谋划自身的改革路径，完整地嵌入国家改革工程的大格局中，实现社会整体面改革与共青团组织改革的良性互动；另一方面，要坚持"以青年为中心"的工作导向，把实现青年发展作为共青团改革的价值目标，着力构建共青团组织在《规划》中的作为空间，使《规划》中设定的各项目标任务在青年群体中落地生根结果，让青年群众获得实实在在的利益。

（一）"青年发展"命题的提出

一个人说什么话、办什么事、如何行动，总是与此人所处的历史语境息息相关，一个组织乃至一个政党、一个国家亦是如此。语义场理论认为，某词与其他词在语义内涵上存在密切的关系，那么这些语义要素就共同构成同一个语义场，语义要素内含于语义场之中。如果用语义场理论来审视当代中国社会，不难发现，我们正处在一个以"改革"为核心语境的历史时期。

---

① 刘佳：《改革语境下共青团转型与青年发展》，《青年探索》2017年第5期，第54-62页。

第四章 新时代中国共青团改革的基本原则

从领域来看,有政治改革、经济改革、文化改革、社会改革、群团组织改革、党的建设改革、生态文明改革、国防和军队现代化改革等;从强度来看,有探索性改革、试点改革、全面深化改革等;从空间来看,有对内改革和对外开放。改革开放是当代中国最鲜明的时代特征,任何领域的制度变迁和实践创新都必须以"改革"为历史语境,既要符合执政党推进国家整体改革发展的战略意图,又要符合"改革实践"的内在规律和逻辑。"青年发展"的命题不是从天上掉下来的,也不是执政党凭空想象出来的,而是历史发展逻辑和现实改革驱动的必然结果,彰显着中国共产党青年观的发展完善和高度自信。

改革是时代的语境,青年既是改革的生力军,又是改革的获益者,但以往我们更注重生力军的作用,容易忽视获益者的身份。在执政党的话语中,中国青年往往被称为"生力军"(社会主义现代化建设的生力军、改革开放的生力军等),这不仅是执政党对中国青年群体在近现代以来中国社会发展不同历史时期所发挥关键作用的肯定和赞许,更表明党已经意识到青年群体是一支不可忽视的社会变革力量。青年群体具有年龄小、接受新鲜事物快、充满冒险和创新精神、敢于挑战和打破常规等社会性特点,他们之中蕴含着巨大的创新潜质和变革动力。1978年以来,党谋划和实施的一系列改革举措,都将青年群体涵盖其中。一方面,有相当一部分改革任务需要发挥创造性、生力军的作用,青年在其中扮演改革的参与者和推动者;另一方面,还有一些举措和目标是以服务和促进青少年成长发展为价值导向的,比如,青少年领域的立法、维权工作等。随着改革实践向纵深领域拓展,一些容易改、能立即改的领域基本改革完毕，剩下的大多是"难啃的硬骨头"了。改革进入"攻坚期"和"深水区"，青年的获益感也呈现边际效益递减的现象，有调查显示，青年中有近40%的人认为全面深化改革给自身带来的挑战要大于机遇[1]，青年群体依然存在较高的生存危机感、发展紧迫感、竞争压力感。如何使经济社会的改革成果更多、更好地惠及青年群众，使青年都能公平地享受改革红利、实现人生梦想和全面发展，是一个不容回避的现实课题。

青年是社会财富的创造者，也是社会价值的践行者，但如何将物质生产和精神生产有机统一，仍然是一个显性的社会难题。1978年以来，党致力于推动以"解放和发展社会生产力"为核心的全方位改革，这种改革模式的特点：一是以市场改革为基础，解决生产关系与生产力水平脱节的问题，最大限度减小社会振幅；二是以资本为牵引，将社会主义体制与市场经济体制相结合，创造性提出"构建中国特色的社会主义市场经济体制"这一具有深远意义的改革目标，成功探索出一条"强国富民"之路。推进社会主义市场经济体制的不断发展、持续完善是改革工程的最重要任务，党的十八届三中全会制订的全面深化改革方案中，与市场议题相关的改革论述就有22条之多。人们常说"青年是市场的弄潮儿"。改革开放以来，中国青年在市场经济的大潮中竞争、成长，创造出巨大的社会物质财富，他们当中有不少人成长为优秀的企业经营者和管理者。但与此同时也要看到，青年在为社会创造巨大物质财富的同时，其精

---

[1] 共青团上海市委员会：《改革路上的上海青年》，上海：上海人民出版社2015年版，第17页。

第四章　新时代中国共青团改革的基本原则

神世界的改造和建设也不容忽视。近年来在网上频繁出现的"炫富""比阔"事件以及"富×代"等绰号,反映出加强青年群体社会主义核心价值观的引领和建设十分紧要。

改革是未来的语境,改革永不止步,如何培养面向现代化、面向世界、面向未来的优秀青年一代,是执政党必须认真思考的重大战略课题。"谁掌握了青年,谁就掌握了未来",这个道理恐怕对世界上任何一个国家的政党,都是适用的。1921年中国共产党成立以来,就把青年工作牢牢抓在手中,把青年发展和青年工作纳入党的工作的整体布局中加以考虑和谋划。党在长期革命建设和改革实践中,推动了马克思主义青年观的民族性发展和时代性转化。习近平总书记指出:"实现中华民族伟大复兴的中国梦,需要一代又一代有志青年接续奋斗。青年人朝气蓬勃,是全社会最富有活力、最具有创造性的群体。党和人民对广大青年寄予厚望。"[①]改革发展只有进行时,没有完成时。推进全面深化改革还有很长的路要走,还有不少困难要攻克。执政党必须把青年培养作为关系到党和国家事业薪火相传的重大战略性工程,培养出一批掌握社会主义现代化建设基本技能、具有面向世界的国际眼光、具有历史责任感和担当精神的优秀青年,把青年思想引领与青年个体发展结合起来,把解决青年思想问题同解决青年实际问题结合起来,以面向未来的战略视野做好青年发展工作。

---

① 习近平:《在知识分子、劳动模范、青年代表座谈会上的讲话》,《人民日报》2016年4月30日。

（二）促进青年发展是执政党的应然之举

"发展"是一个极具现代性的词语，也是马克思主义政党孜孜以求的政治价值目标。《共产党宣言》中有一句名言："代替那存在着阶级和阶级对立的资产阶级旧社会的，将是这样一个联合体，在那里，每个人的自由发展是一切人的自由发展的条件。"① 马克思、恩格斯高度重视人的发展问题，他们认为政治革命和社会革命都是为了人的解放和全面发展，而人的本质力量的发展是人的发展的本质。"共产主义则把每个人的充分发展作为一切活动的目的和尺度，经济的增长、消费能力的增长，只有在把人当作目的而不是使之变得更加畸形和受到更大毁损的情况下，才具有真正的价值。人的发展是一个过程，本身就是人始终努力追求的目标，它是没有限制的，是一种日益充分的发展。"② 人的发展问题可划分为多种类型：按内容标准可分为政治发展、经济发展、精神发展等，按时序标准可分为短期发展、中长期发展等，按对象标准可分为青年发展、成年发展、老年发展等。研究认为，青年发展问题是其他领域发展问题的集合，对国家社会的发展具有深远影响。一方面，青年时期正值一个人从儿童期向成年期转型的过渡阶段，青年人的世界观、人生观、价值观还尚未完全定型，青年的社会化水平和社会参与能力还比较低，党和政府通过一系列的政策建构帮助青年树立科学的人生价值观和远大的人生理想，提高青年的社会化发展水

---

① 《马克思恩格斯文集》(第2卷)，北京：人民出版社2009年版，第53页。
② 袁贵仁：《马克思主义人学理论研究》，北京：北京师范大学出版社2012年版，第270页。

第四章 新时代中国共青团改革的基本原则

平,可以有效减少青年个体成长中的"烦恼",降低青年教育和青年发展过程中的社会成本与风险因素。青年个体的发展路向决定了青年一生的发展轨迹,青年群体的发展方向决定了全民族的历史命运。另一方面,青年的发展问题具有综合性、复杂性、共时性等特点,其他社会阶层、社会领域的发展问题在青年群体中同样存在,甚至更为突出。青年发展问题不仅是个别群体的社会性问题,更是关系到党和国家长治久安的政治性问题。

近年来,在一些国家相继爆发的"颜色革命"告诫我们,如果对青年发展的合理诉求视而不见,对青年发展中积累的矛盾问题避而不谈,青年群体就会因对现实不满而引发社会逆动员,甚至威胁国家政治安全。"引发社会逆动员的原因很多,但是归结到一点,还是社会发展中不断凸显的不平等问题以及社会制度不完善环境下一些人的利益被侵害的问题。这些问题在改革开放中会随着人们的被剥夺感进一步激化和凸显。"[①]

在国家经济建设中拓展青年发展空间。经济工作是党的中心工作,1978年党的十一届三中全会将党的工作重心转移到经济建设上来,解放和发展社会生产力、建设社会主义现代化强国成为全党、全社会的一致共识。通过文献梳理发现,党中央在提出经济建设目标任务的同时,也论及了共青团和中国青年在社会主义经济建设中的地位与作用,要求共青团在社会主义经济建设的中心工作中找准定位,主动嵌入,团结动员广大青

---

① 蔡志强:《社会动员论:基于治理现代化的视角》,南京:江苏人民出版社2015年版,第221页。

年投身社会主义现代化建设的伟大实践,在国家现代化建设进程中实现青年个体的成长发展与进步。正如邓小平所说:"现在,每一个党员、团员,每一个爱国的公民,都必须在党和政府的统一领导下,克服一切困难,千方百计地为实现四个现代化贡献出一切力量。"① 在此背景下,共青团准确把握时代发展的脉搏和当代中国的走向,积极主动嵌入改革开放的大格局之中,在"发挥青年的创造力"和"发展社会生产力"之间架起一道桥梁;共青团聚焦青年的专业化成长,以技术、行业、职业等为要素,以竞赛、引导、服务等为手段,帮助青年实现专业化、职业化的发展。

在国家政治改革中拓展青年发展空间。从政治学角度看,青年是具有政治人格的特殊社会群体,"青年是指获得政治选举权但还没有完成成家立业等重要人生任务的一群人。政治青年期是一个人政治成熟的过渡阶段,是政治公民的过渡期。这个阶段的本质是青年利益的呈现、表达与社会磨合以达到和谐均衡状态的阶段"②。党的十一届三中全会后,党中央确立了共青团在青年政治参与中的组织核心地位。在党的领导下,党团关系得到新的发展,广大青年以共青团组织为纽带,积极参与国家民主政治生活,并在国家政治体制改革中发挥重要作用。在党团关系重构过程中,共青团始终响应党的号召和要求,不断加强共青团组织的自身建设,努力提高教育引领青年和组织动员青年的能力和本领,在推进共青团组织自身改革转型的同时,

---

① 《邓小平文选》(第2卷),北京:人民出版社1994年版,第163页。
② 吴庆:《青年政治参与与共青团工作》,北京:中国青年出版社2015年版,第228页。

第四章 新时代中国共青团改革的基本原则

也拓展了青年参与国家政治生活的渠道和空间,青年政治意识获得觉醒和发展,政治参与能力也显著增强。

在国家意识形态建设中拓展青年发展空间。意识形态建设是执政党的一项极端重要的工作,青年价值观的培育和养成直接关系青年群体的身心健康发展,直接关系全民族的精神风貌。"青年的价值取向决定了未来整个社会的价值取向,而青年又处在价值观形成和确立的时期,抓好这一时期的价值观养成十分重要。这就像穿衣服扣扣子一样,如果第一粒扣子扣错了,剩余的扣子都会扣错。"[①]在改革开放的条件下,社会空间的思想文化结构发生深刻复杂变化。一方面,解放思想、实事求是的马克思主义思想路线被确定为执政党意识形态建设的基本原则;另一方面,随着国门打开,一大批西方思想文化和意识形态相继涌入,主流意识形态与非主流意识形态、社会主义价值观与资本主义、马克思主义指导思想与非马克思主义社会思潮共存,思想文化领域呈现出复杂而紧张的格局。大气候必然影响小环境。青年群体的思想特点、群体结构、利益诉求、发展目标也同样发生深刻变化。在此背景下,执政党和共青团及时调整青年思想政治引领的工作策略和方式方法,化被动为主动,化挑战为机遇,增强青年思想政治教育的亲和力和针对性,青年个体的思想观念和价值体系逐渐融入执政党的政治愿景和国家理想之中,青年与政党和国家在价值维度上实现了同构一体,青年对中国特色社会主义的政治认同显著提高。2016年,全国大学生思想政治状况调查报告显示:当代青年学生"思想状况总

---

① 习近平:《青年要自觉践行社会主义核心价值观》,《人民日报》2014年5月5日。

体积极健康,呈现向上向好的发展态势。大学生群体的人生态度积极,乐于奉献,对社会主义核心价值观的认同度较高,普遍具有坚定的政治立场与正确的政治观念,道德认知状况良好,具有强烈的道德意愿和高度的文化自信心"①。

(三)青年发展规划意涵解析

党对青年的动员逻辑历经革命、建设、改革、发展等不同阶段,动员青年的政治话语也呈现出革命话语、建设话语、改革话语、发展话语等不同形态。1921年至1949年,党对青年实施自下而上的革命动员,目的是打碎旧的国家机器,建立新的人民政权,以实现国家和民族解放为手段,最终实现广大青年的政治解放。1949年至1978年,面对百废待兴、一穷二白的新中国,党必须对青年进行政治动员,将青年群众的人力资源优势转化为社会主义建设的生产力优势,"建设一个强盛的社会主义工业化国家"成为当时中国青年集体行动的共同目标。1978年至2002年,党对青年实施全方位的社会动员,以推进经济体制和政治体制改革为契机,既发挥政党和政府的主导作用,也充分利用好市场机制,培育新的青年社会组织,在照顾青年整体利益的同时更好地照顾青年的具体利益和中短期利益,使青年群体更好地融入国家现代化建设事业之中。2002年至今,党先后提出"科学发展观"和"新发展理念",意识到在新的历史条件下要做好青年群众工作,必须树立以青年为本、以青年为

---

① 沈壮海、肖洋:《2016年度大学生思想政治状况调查分析》,《思想理论教育导刊》2017年第1期,第108-113页。

第四章　新时代中国共青团改革的基本原则

中心的青年工作观，以满足青年群体多样化的社会需求为基点，以促进青年群体全面发展为指向，坚持青年短期发展与长期发展相统一，青年个体发展与群体发展相统一，青年群团组织发展与青年新社会组织发展相统一，以发展的逻辑实现对青年群体的有效动员。

政党对青年动员逻辑的历史性变革，反映出"政党—青年"关系的深层变化。尽管在不同历史阶段，党对青年动员的目标任务、方式方法、组织形态有所差异，但照顾青年特点、满足青年需要、促进青年发展的政治价值取向没有改变。"政党—青年"关系能够在不同历史环境中经受挑战、保持稳定和发展，原因正是如此。"政党—青年"还直接反映在党的政策文本之中。政策文本是进行政治和社会动员，表达政治意图和期望，推动党和政府将意识转化为具体行动的政治工具，反映执政党治国理政的优先方向，是党的政治运行体系中不可或缺的一环。党的十八大以来，以习近平同志为核心的党中央提出"实现中华民族伟大复兴的中国梦是中国青年运动的时代主题"这一重要论断，科学回答了在新的历史条件下中国青年运动"向何处去"的根本问题。推动新时期中国青年运动蓬勃发展，不仅要有政治胸襟，更要有历史担当；不仅要做好具体指导，更要做好顶层设计。2017年，中共中央、国务院印发《规划》，这是新中国历史上第一个青年发展规划，是指导新时期我国青年事业发展、青年组织发展、青年运动发展的纲领性文件，是马克思主义青年观中国化的政策成果，标志着党对青年群众工作的认识和判断上升到崭新高度，在党的青年工作史上具有里程碑式的意义。

《规划》坚持政治要求与历史逻辑相结合的原则，从党中央

治国理政的战略高度和中国青年运动发展的时代高度,科学回答了新时期中国青年发展工作的指导思想、具体目标、工作举措、条件保障等问题,具有极强的时代性、政策性和实践性。一是为青年发展"定位",强调促进青年更好、更快发展,是国家的基础性、战略性工程,青年的发展是党和国家各项事业发展的前提。这就把青年发展纳入"国家工程""民族工程"之中来设计考量,将青年发展抬升至前所未有的战略高度,这不仅是执政党的政治期望,也是党对青年工作的历史担当。二是为青年发展"定性",强调要不断完善具有中国特色的青年发展政策体系和工作机制,引导广大青年成为实现中华民族伟大复兴中国梦历史重任的有生力量。中国青年事业和青年运动必须毫不动摇坚持党的领导,坚持中国特色社会主义发展方向,弘扬和践行社会主义核心价值观,确保中国青年事业和青年运动不变质、不走样。三是为青年发展"定标",《规划》从思想道德、教育、健康、婚恋、就业创业、文化、社会融入与社会参与、维护合法权益、预防违法犯罪、社会保障十个领域提出了具体发展目标,针对每个领域青年发展面临的突出问题提出发展措施,并在此基础上有针对性地提出了十个重点建设工程,形成"目标设置—行动举措"的政策框架体系,使《规划》更具可操作性和执行性。

《规划》的出台,为各级党委、政府更好地开展青年群众工作、促进青年发展、维护青年权益提供了重要的政策遵循和实践指南,也为我们更好地"关注青年、关心青年、关爱青年"提供了难得的历史契机。《规划》文本内在地包含着三层政治关系。一是青年发展与党和国家工作大局的关系。要牢固树立政治意识和底线思维，清楚认识到青年发展是党和国家的"基础性、战略性工作"，经济工作是党和国家的中心工作，意识形态工作是党和国家的"极端重要的工作"，要自觉把促进青年发展工作融入经济、意识形态和其他领域各项具体工作之中，增加青年工作在各级党委和政府绩效考核中的"权重赋值"，做到"在党言青""谋事为青""决策商青"。二是促进青年发展与共青团改革之间的关系。促进青年发展是一项社会性系统工程，它以青年为中心，以促进青年全面发展与成长成才为目标，需要社会各领域、各方面的协同参与和通力配合。共青团在促进青年发展中发挥着关键性、特殊性作用。共青团组织要将推进自身组织改革与国家青年发展事业有机结合起来，把促进青年发展的各项工作与共青团职能结构和活动体系进行深层对接，优化共青团组织结构布局和职能定位，以青年发展的质量作为评价共青团改革的重要指标。三是促进青年发展工作的基本原则和具体实践的关系。《规划》指出："要建立健全青年发展规划体系，各地要根据实际，编制本地区青年发展规划。"在工作实践中，地方和部门层面要把中央层面的《规划》精神与地域性、行业性青年实际特点结合起来，在调查研究基础上，结合本地区本部门的工作实际和青年群体特点，创造性地设置"自选动作""创新动作"，避免"大而全""简单复制"的形式主义倾向，确保将《规划》的政治期望落地生根，转化为青年群众切切实实的利益和实惠。

（四）中国青年发展的共青团逻辑

当前，我们正在经历一场前所未有的深层次改革。党的

十八届三中全会制定的《中共中央关于全面深化改革若干重大问题的决定》是这场改革行动的总纲。以此为统领和起点,党的青年群众工作领域也进入了"改革时间"。(1)群团工作和群团组织改革。以2015年中央党的群团工作会议召开和2015年中央四号文件颁布为标志,党中央对群众工作和群团组织转型发展提出要求并为其指明方向。放在更大的范围来看,群团改革是党的执政能力改革创新的一个子环。(2)共青团组织改革。群团工作会议后,中央在上海、重庆等地试点共青团改革,2016年中共中央办公厅转发了《共青团中央改革方案》,共青团组织改革在试点基础上全面铺开,随后共青团各条战线相继出台一系列改革规划和实施方案,共青团改革的一个重要目标就是"强三性""去四化",让共青团组织真正成为青年之家。但如何让共青团改革的成果惠及更多青年,如何让青年群众真正感受到共青团改革的绩效,仍然是一个需要在实践中解决的问题。(3)青年事业改革。以《规划》的颁布出台为标志,党对青年事业的发展谋划上升到国家战略,更多地强调除共青团组织以外的其他社会主体(政府、社会组织、企业)在提供青年服务、保障青年权益、促进青年发展中的重要作用。可以说,《规划》是共青团发挥体制内的政治优势,整合市场、政府和社会资源,整体性推进青年工作转型和青年群体发展的重大创新之举。

尽管《规划》特别强调党委、政府在推动青年发展各项目标任务落实落地中的工作职责,但共青团组织作为《规划》牵头制定者和工作协调者,应当义不容辞地肩负起《规划》实施中的"主体责任"。当前,共青团正承担着执政党交付的两项

第四章 新时代中国共青团改革的基本原则

重大战略任务——共青团自身改革和青年发展与青年事业改革。两者既是相互独立的实践领域,同时也存在密切的耦合性、关联性。一方面,共青团改革不仅涉及共青团自身的组织转型和职能优化,还涉及共青团服务青年发展的思想理念、工作机制、方式方法的改革创新,共青团改革的最终落脚点是促进青年更好地发展进步,青年发展是共青团改革的价值目标,也是衡量共青团改革绩效的关键性指标;另一方面,青年发展与青年事业改革离不开共青团组织的转型升级,在当代中国公共部门体系中,只有共青团是受执政党授权,以增进和发展青年群众的整体利益、长远利益为指向的公共组织,它既是群众性组织,也是政治性团体。也就是说,共青团具有"为青年群众发声、谋利"的政治优势,推动青年发展和青年事业改革必须以增强共青团的政治性、先进性、群众性为重点,使共青团不仅有为青年发展奔走呼号的意识,更要有增进青年发展福祉的有效能力。可见,共青团改革与青年发展在价值逻辑上具有内在一致性。

推动《规划》确定的各项目标任务转化为实际行动和具体绩效,各级共青团组织应当积极作为,在工作理念、组织形态、动员机制、绩效评价等方面实现深度的转型调整,以共青团的逻辑促进青年发展,使团的组织更好地覆盖全体青年、团的活动更好地影响全体青年、团的服务更好地满足全体青年、团的形象更好地吸引全体青年。

第一,坚持以满足青年发展需要为中心,推进共青团工作理念的转型。马克思在《德意志意识形态》中对人类社会发展的初始动力进行分析,认为满足基本衣食住行的需要是人类社会实践活动的起点。人的需要是主观的，正是由于人具有需要，人才会通过劳动活动将自然界"对象化"，并在劳动基础上缔结形成各种社会关系。这是马克思主义唯物史观的方法论原则，也是我们研究当代中国青年群体和青年发展问题的重要思想方法。1978年以来，中国社会生产力得到极大的解放和发展，"短缺时代"成为历史记忆，"多元社会"呈现在青年面前。如今，青年群体已经不再为基本的温饱问题而发愁，他们更加关注自我价值的实现、发展进步的机遇、成长烦恼的解决等问题。因此，当代中国青年的需要，实际上是更高层次的发展性、社群性需要。如果说革命战争年代共青团关注的是青年的解放和生存，那么当下共青团就应重点关注青年的个体发展和自我实现。《规划》实际上从十方面指出了青年发展的需求空间。共青团要与时俱进地调整工作理念和思路，既不能"袖手旁观"，也不能"一刀切、全包圆"。对于已经形成的工作品牌，要继续坚持和发扬；对于尚未涉及的领域，要主动出场，牵头协调；对于在短时期内尚有实施难度，或者与其他政府部门职权交叉的领域，要及时向党委、政府汇报，理顺工作关系。"共青团服务青年也不能全面出击，需要研究和固化我们的核心品牌，注重服务的日常化和制度化，解决过去服务青年针对性不强的局面。在此核心框架内，我们要研究不同类型、不同地域的群体的需求情况，有针对性地开展工作，将群体性满足和个体性满足很好地结合起来。"[1]

---

[1] 吴庆:《青年政治参与与共青团工作》，北京：中国青年出版社2015年版，第109页。

第四章 新时代中国共青团改革的基本原则

第二,坚持以建设服务型团组织为重点,推进共青团组织形态的转型。"建设服务型团组织"其实不是一个新命题,早在2014年团中央就印发了《关于加强基层服务型团组织建设的意见》,强调团的各级组织要进一步拓展服务内容,提高服务的针对性和有效性,推动形成持久有效的社会功能。为什么团中央要提出建设服务型团组织的目标任务呢?除了紧跟执政党"建设服务型党组织"的脚步之外,还有更深层次的考虑,即共青团要想在激烈的市场竞争中赢得青年,继续保持组织自身的青年群众性,必须实现组织的转型升级——从注重青年群体整体性的思想教育为主的青年政治组织转型为更加注重青年具体需要和发展需求的青年服务组织。在共青团改革实践中,我们有必要重温这份重要文件,着力破解基层共青团组织服务能力建设难题,消除基层团组织服务青年和引导青年"两张皮"的现象,使共青团引导青年能够踩在点上、服务青年能够抓住关键。在实际操作层面上,党委、政府要着力解决基层团组织人员不足、资金不足、阵地不足、政策不足等问题,要进一步提升一线团干部服务青年的专业化能力,有条件的地方可以试点探索政府购买青年服务产品。基层团组织既要面向青年提供相当数量的服务产品,也要注重服务产品的价格和品质。

第三,坚持组织评价与群众评价并重,向群众评价倾斜,推进共青团绩效评价的转型。无论是共青团改革,还是青年发展和青年事业改革,都共同涉及一个评价的问题。而根据人们认识事物的惯性逻辑,社会各界对《规划》中确定的各项目标任务的实现程度是否满意,往往也都会通过对共青团的绩效评价反映出来。可见,共青团的改革绩效评价是一个绕不过去的

问题。评价是社会价值判断活动的一种形态,也是任何社会改革都必须面对的问题。评价的标准(肯定评价或否定评价)往往取决于评价对象满足评价主体需要的程度。如果高度满足,评价主体就会作出积极正向的评价;如果不能满足,评价主体就会作出消极负向的评价。对团组织而言,共青团改革绩效评价主体主要有四个。一是执政党和政府。评价标准是共青团改革效用是否符合党和政府的政治意图和设计初衷,是否起到巩固执政基础的作用。二是企业主体。评价标准是共青团能否有效发挥组织动员青年的作用,为企业生产经营输送优秀青年人才,同时尽量降低企业的团建成本。三是上级共青团组织。评价标准是团的工作和运行是否畅通无阻,各级团的工作是否得到团员的响应和支持,共青团改革在多大程度上影响到组织自身的利益等。四是青年群众。评价标准是青年从共青团组织和改革行动中收获多少实惠与利益,青年对共青团的认同度等。其中,前三个是组织评价主体,第四个是群众评价主体。对共青团改革的绩效评价,要坚持组织评价与群众评价并重,向群众评价倾斜的原则。这就对共青团的工作逻辑和方法提出新的要求,团组织和团干部要坚守建团初心,让办公大楼成为青年之家,让团的干部成为青年之友,让团的活动成为青年发展的助推器。

第五章

中华民族伟大复兴
与共青团改革再出发

　　新时代共青团改革是一项系统工程,一方面要同全面深化改革相对接,积极融入国家治理体系,发挥治理功能;另一方面要遵循政党青年组织转型的客观规律和内在逻辑,把握共青团改革的实践中心、重点环节和关键步骤,在共青团回归青年的路径选择、引领青年的方法创新、应对风险的组织准备、青年工作的建章立制、从严治团的务实举措等方面取得实质性进展,构筑推动新时代中国青年发展的组织基础,构建中华民族伟大复兴先锋力量的组织形态。

第五章　中华民族伟大复兴与共青团改革再出发

一、靶向推进：全面深化共青团改革①

深入推进共青团改革，要坚持用先进思想吸引青年，用整体性思维方法指导改革，用前瞻性战略眼光谋划改革，把握好共青团改革的实践重心、重点环节和关键步骤，使共青团改革取得实实在在的成效。

（一）用先进思想吸引青年

共青团改革是一项复杂的社会系统工程，它不是对某一工作环节、某一工作领域、某一规章制度的小修小补，而是要从改革共青团青年工作的体制机制、组织人事、资源供给等方面入手，重新理顺党团关系、团青关系和团社关系，增强共青团的吸引力、凝聚力和战斗力。青年思想决定青年行动，青年思想关乎民族未来。思想引领是共青团的组织职能，从微观角度来看，崇高信仰的培育、核心价值观的引导、科学理论的武装以及纪律规范的教育是共青团思想引领的四方面内容。在共青团改革的社会系统工程中，如何增强共青团思想引领青年的能力，如何巩固和扩大党执政的青年群众基础，是共青团改革的

---

① 刘佳：《论共青团改革实践重心、思维方法和行动前瞻》，《青年发展论坛》2017年第1期，第64-69页。

关键所在。

思想引领是共青团有别于其他青年社会组织的根本标志。共青团思想引领有双重含义。一是用马克思主义及其中国化时代化理论成果引导和教育青年，当前最主要的任务是创造性开展习近平新时代中国特色社会主义思想的青年化阐释，创新话语体系，拓展阐释渠道，丰富传播手段，提升育人效度，使广大青年坚定对中国特色社会主义的"四个自信"，自觉做"两个确立"的维护者和践行者。二是用先进思想武装青年骨干，影响、辐射和动员广大青年群众为全面建成小康社会和实现中华民族伟大复兴贡献青春力量。旗帜决定方向，共青团思想引领具有鲜明的政治性、先进性和群众性特点，它把党的旗帜作为思想引领的旗帜，把党的要求作为思想引领的要求，把党的目标任务作为思想引领的目标任务。思想引领是共青团的生命线，决定着中国青年集体行动的方向和空间。

共青团思想引领的不是一项独立的、封闭的实践体系，它犹如无形的空气，它的基本原则和基本诉求渗透在团的各项职能之中，贯穿于团的各项活动之中。当前，共青团工作尤其是共青团思想引领工作面临着严峻的形势和挑战，青年思想的多样性、多变性、多层性增加了共青团思想引领的难度，多元社会思潮的传播和渗透对青年主流价值观念的培养造成冲击和影响，同时，新技术、新媒体的出现也打破了共青团思想引领青年的传统工作格局，虚拟网络社会成为青年群体思想最活跃的场所。思想的异动使青年拥有更多行为选择的空间和渠道，共青团不再是青年接受思想教育的唯一组织选项，"文化多元所带来的话语多元，使共青团之于青年的话语影响力面临被其他话

第五章 中华民族伟大复兴与共青团改革再出发

语主体削弱的危险"①。由此导致的直接后果是：共青团思想引领的职能在不断强化，作用却十分有限；共青团思想引领被青年群众矮化、弱化，甚至边缘化。从理论上和政策上讲，共青团是青年之家。然而，在市场经济条件下，共青团与青年关系存在某种程度的裂痕，改革洪流下的团青关系变得复杂而脆弱，修复和弥补团青关系成为共青团改革的重要任务。

吸引和凝聚青年，关键要依靠先进思想的真理力量。思想是共青团改革的润滑油，也是修复和弥补团青关系的黏合剂。思想是常新的，我们党在实践中不断推进思想理论体系的创新和发展，如果共青团思想引领的方式方法和手段机制等依然停留在"过去时"，不谋求理念的突破和方法的变革，那么新思想、新理论的光辉也会被这些陈旧的理念和方法遮蔽起来。因此，在全面深化改革背景下，共青团改革的首要议题就是如何破解先进思想吸引青年的问题。

第一，要善于运用青年的语言。俗话说"到什么山上唱什么歌"。共青团思想引领本质上就是推动马克思主义青年化的思想建设活动。党在新的历史时期不断推进意识形态和思想理论的创新、发展和变革。然而，党的理论创新成果不是以知识体系的方式直接对青年产生影响的，共青团的任务就是对党的理论创新成果进行青年化的改造、修饰和装扮，使政治话语、理论话语转化为青年话语、生活话语、网络话语。共青团要善于构建思想引领的青年话语表达体系和表达机制，将思想理论教

---

① 刘丙元：《论文化多元化背景下的共青团话语系统建设》，《中国青年社会科学》2016年第2期，第87—92页。

育元素融入青年文化产品的设计、研发和输出等环节；共青团要加强对青年语言生态的调查和研究，研判青年语言习惯、语言风格和语言逻辑，建立青年话语"语料库"；共青团要用青年话语体系推动思想引领活动阵地的创新和变革，善于融入情感元素、专业元素、时尚元素，增强思想引领活动阵地的吸引力和感染力。

第二，要善于讲述青年的故事。共青团的工作对象是现实生活中的具体的青年，他们有思想、有故事。因为青年人经历了真实的故事，他们才会形成基本的价值立场和思想观念。可以说，青年既是一个思想的集合体，也是一个故事的集合体。共青团改革，就要着力提高共青团向青年群众叙事的能力。"叙事将事件串联起来，使事件根据自己的时间位置和在整个故事中的作用而获得意义。"① 共青团干部是青年叙事能力建设的主体力量，一方面要善于向青年讲述中华民族悠久历史文化的故事、中国近现代历史的故事、中国共产党的故事、改革开放的故事和实现中华民族伟大复兴中国梦的故事，在叙事中强化青年群众对中国特色社会主义的信心和信念；另一方面还要善于讲述自己经历或听闻的青年故事，既要讲述故事的来龙去脉和完整情节，也要讲述故事背后的道理、哲理和智慧，通过故事引发青年的共鸣。讲故事需要舞台和空间，共青团要积极主动建立讲故事的平台和机制，通过故事的分享和体验、故事的艺术化呈现、故事的模拟与再现等方法，增强故事的趣味性和吸引力；

---

① 马纯红：《叙事：青年研究从对策性到解释型转型的建构进路》，《青年学报》2014年第1期，第10—12页。

同时，共青团组织要选拔培养一批自己有故事、乐于讲故事、善于写故事的行家里手，将他们充实到团干部队伍中去，增强共青团青年叙事的整体能力。

第三，要善于解决青年的难题。"中国特色社会主义究竟好还是不好？中国梦可信还是不可信？"对以上问题的回答，系统全面地进行理论阐释是一方面，更为重要的是要在现实情境中帮助青年解决生活难题、思想难题、发展难题，让青年群众拥有更多获得感和满足感。服务青年成长、解决青年困难是共青团践行党的群众路线的具体体现。共青团改革要突出"服务理念"，建设服务型团组织。一方面，要充分发挥共青团联系党、政府和青年的纽带作用，协助党和政府参与青年事务管理和公共服务，争取资源、整合力量、发挥优势，加强共青团服务体系建设，构建网上网下服务青年的有效途径；另一方面，服务青年贵在坚持、服务青年贵在细微。要着力解决服务青年"最后一公里"问题，建立困难青年基本信息数据库，有针对性地开展"精准服务"，既要解决青年眼下的现实困难，也要帮助青年获得一技之长，构建专业化青年服务团队和常态化青年服务机制。

（二）共青团改革要坚持系统观念

共青团改革是一项牵一发而动全身的社会系统工程，必须在改革实践中树立系统思维和整体意识。共青团在国家政治体系中的特殊性决定了推进共青团改革必须树立整体性思维，既要积极推进共青团自身的改革发展，同时又要关注共青团改革与社会生活其他领域改革的协同性和关联性，要善于学会"跳

出共青团来谋划共青团改革",使共青团改革与其他领域改革相互嵌构、相得益彰。在共青团改革实践中,要着重把握好以下几对关系的整体性。

第一,把握共青团"强三性"与"去四化"关系的整体性。习近平总书记在中央党的群团工作会议上强调,要切实保持和增强党的群团工作和群团组织的政治性、先进性、群众性。政治性是共青团的活的灵魂,先进性是共青团的基本特征,群众性是共青团的根本特点。当前,共青团在一定范围和一定领域中仍然存在脱离青年群众的现象,机关化、官僚化、贵族化、娱乐化"四化"倾向在共青团组织和团的干部队伍中依然存在,严重消解共青团组织的青年群众基础,削弱共青团对青年的吸引力和感召力。"四化"问题是社会历史的特殊产物,是共青团在市场逻辑作用下"不正常"的发展状态。在市场经济背景下,以共青团为代表的群团组织"行政化""机关化"色彩日益浓厚,青年与共青团的距离不是缩小而是扩大了。中国特色社会主义群团发展之路是共青团改革发展的根本道路,新常态下的共青团改革必须直面"四化"这个最大的现实问题和突出矛盾,以增强共青团政治性、先进性、群众性为共青团改革创新的根本遵循,以破解"四化"问题为共青团改革创新的基本方向,通过"去四化"的改革举措达到"强三性"的改革目标。

第二,把握共青团改革与全面从严治党关系的整体性。《共青团中央改革方案》(本章节中统称"改革方案")强调:"推进共青团改革,是全面从严治党的一部分。"从发生学的角度来看,中国的无产阶级政党与青年团几乎在同时空诞生,它们都自觉地将马克思主义作为本组织的指导思想,把人民群众的利益作

第五章　中华民族伟大复兴与共青团改革再出发

为本组织的最大利益,并在长期的革命实践中形成了"党建带团建""党有号召,团有行动"的党团关系。共青团是党的助手和后备军,是协助党开展青年群众工作的外围组织,共青团工作在本质上就是党的青年群众工作。全面从严治党,在纵向上就是对党的最高领导机构到普通党员进行严格管理、严格教育、严格约束;在横向上就是在党的政治建设、思想建设、组织建设、作风建设、纪律建设、制度建设等领域中坚持"严"字当头。与此同时,对包括共青团工作在内的党的外围工作严格规范、严格监督,使党的优良作风、光荣传统和群众工作方法在党的外围工作领域中发挥作用,这也就是团中央提出的"从严治团"的工作任务。"只有按照党中央的要求和部署,将从严治团真抓、实抓、抓到底、抓长久,广大团干部才能在团的岗位上打好'底色',筑牢'地基'。"[1]一方面,各级党委要加强和改善对共青团工作的领导,将共青团工作纳入党委重要议事日程,关心关爱团干部成长发展,发挥党委统揽全局、协调各方的领导核心作用,切实帮助共青团组织解决实际工作中面临的困难,理顺共青团与党委、政府和其他社会主体的关系,使党委真正成为共青团改革发展的"主心骨";另一方面,要着力改进团干部的工作作风,加强共青团组织中党的建设,建立健全共青团干部理论学习制度,在各级团干部中精心开展"两学一做"专题教育,健全完善共青团干部的纪律制度和监督体系,营造良好的团内政治生态。

---

[1] 本刊评论员:《坚持从严治团　锤炼过硬团风——五论深入学习贯彻共青团十七届三中全会精神》,《中国共青团》2015年第2期,第27页。

第三，把握共青团中央改革与地方共青团改革试点关系的整体性。"基层试点"是我们党推进改革发展的一大创造，曾被形象地称为"摸着石头过河"。试点具有先验性，通过试点既可以评估改革政策的可操作性和实际效果，也可以在试点基础上总结经验、改进和完善改革政策。习近平总书记指出："摸着石头过河就是摸规律"，"我国改革开放就是这样走过来的，是先试验、后总结、再推广不断积累的过程。"[①] 回顾本轮共青团改革的几个重要时间点不难发现，本轮共青团改革的大幕始于2015年年底重庆、上海两市的共青团改革试点，两市将中央党的群团工作会议精神和中央四号文件精神与本地区共青团工作具体实际相结合，分别制定了共青团改革的"地方版本"，为共青团中央改革及其方案制订积累了宝贵的实践经验。当然，共青团中央改革与地方共青团改革毕竟还存在一些显著的差异，这就需要我们从整体上把握两者之间的关系。一方面，地方共青团改革试点的经验如何进一步升华、凝练成为指导全团改革的一般经验、一般规律、一般方法，不仅需要实践的探索，更需要理论的思考和历史的反思；另一方面，共青团中央改革方案的精神实质和思想精髓如何在不同地区、不同部门、不同行业中的共青团组织落地，如何使共青团中央改革方案转化为指导地方共青团改革的操作指南，这种"自上而下"的转化和过渡可能还需要一定时日的考量和设计。

第四，把握共青团改革各个具体环节之间关系的整体性。

---

① 中共中央文献研究室：《习近平关于全面深化改革论述摘编》，北京：中央文献出版社2014年版，第34页。

第五章 中华民族伟大复兴与共青团改革再出发

任何一项社会改革都是复杂的系统工程,共青团改革亦是如此。《共青团中央改革方案》从四大方面、十二个领域提出了改革具体措施,涵盖了共青团中央的人员构成、机构设置、运行机制、干部工作、组织职能、团的活动、基层组织、条件保障等方面。该方案涉及面之广、改革力度之大、改革举措之多,在共青团改革发展史上具有里程碑式的意义。当然,众多改革举措的背后仍然存在一个隐而不显的问题,即如何协调处理各项改革举措、不同改革领域、多重改革任务之间的关系,使共青团的改革大工程整体地、稳步地、有序地向前推进。处理共青团改革各个具体环节之间的关系同样也应当遵循上述原则,具体而言就是按照"直面青年,重点推进,建章立制"的路线图推进共青团各项领域改革。"直面青年"就是以增进青年群众的获得感作为共青团改革的落脚点,在教育引导青年、组织动员青年、服务和保障青年权益等方面取得实质性进展。青年群众满意不满意、高兴不高兴是评价共青团改革成效的首要标准,只有使广大青年群众看到共青团改革所带来的实实在在的绩效,共青团改革的价值和意义才最终得以显现。"重点推进"就是围绕共青团凝聚青年、服务大局、当好桥梁、从严治团的"四维工作"格局推进重点领域改革,努力争取党委、政府和社会力量的支持和帮助,力争在重难点领域改革中取得实质性进展。"建章立制"就是将每一项改革的实践成果以制度的形式确立下来,最终形成共青团改革发展的制度成果和长效机制,这既是全团的共同期待,也是共青团走向成熟的必然要求。

（三）着力破解共青团发展难题

当前，共青团改革逐渐从地方试点转向全国铺开。2015年中央党的群团工作会议召开以来，共青团改革取得了实实在在的进展，取得了重要改革成果，赢得了良好社会评价。但在对共青团改革寄予殷切厚望和高度期待的同时，我们也要清醒地看到，本轮共青团改革仍然面临不少困难和阻力，还有许多"硬骨头"要啃，这就需要共青团改革的设计者们在看似十分热闹的改革大势下沉着冷静、认真思考、积极应对，着力破解共青团改革发展中的三个难题。

第一，"共青团行政化问题"如何解决。"改革方案"为共青团去行政化开具了几服药，例如，提高一线青年、普通青年在团中央委员会、常务委员会中的比例，建立团干部与青年联系制度，打造"青年之声"网络团建平台等，这些改革举措对于提高普通青年群众在共青团中的代表性、巩固强化团青关系具有重要意义。然而，共青团去行政化改革不仅要从强化团青关系方面着手，还要从共青团行政化倾向生成的"历史原点"入手。既要治标，又要治本，只有标本兼治才能达到社会公众对共青团去行政化改革的期待。共青团行政化的根源在于团干部的人事制度。20世纪80年代，为了促进共青团干部队伍发展壮大、扩大团的政治影响和社会参与度，国家决定将共青团干部纳入公务员管理序列进行管理，团干部从此有了"官衔""级别"。这一制度设计的初衷是好的，但是在后期的执行和实践中发生了扭曲，尤其是共青团被党视为年轻干部、后备干部培养的摇篮，许多进入共青团系统工作的年轻人把青年工作视为个

第五章　中华民族伟大复兴与共青团改革再出发

人晋升的政治资本，把共青团视为进入仕途的脚踏板，他们不是抱着满腔热情从事党的青年工作，而是带着极强的功利性、目的性与青年打交道，工作思路和方法因而也都是行政化的，这是共青团行政化倾向生成的一个重要逻辑。可见，推动共青团去行政化改革的重点和难点是促成共青团人事制度的调整和改革。也许，取消共青团干部的行政级别、淡化共青团干部的行政色彩还有很长的路要走，但唯有如此才能从根本上将共青团与政府机构区别开来、将团的工作与行政工作区别开来，这需要党和政府对共青团去行政化改革的更为有力的支持和推动。

第二，共青团改革如何体现青年属性。青年是共青团之本，共青团是青年利益的代表者和维护者。长期以来，共青团始终把维护和增进青年群体的利益作为自己的崇高使命并为之奋斗。"改革方案"分别围绕组织、阵地、制度等内容对加强和改进共青团青年权益维护职能作了大篇幅阐释，突出了以青年为本、服务青年成长成才的价值取向。然而，如何将上述改革举措落实、落地，让青年群众在共青团改革中有收获、得实惠，是我们需要在实践中认真思考的问题。例如，"改革方案"提出"扩大代表大会代表的参与渠道"以强化团代表与青年群众的经常化联系，那么，如何激发团代表联系青年群众的主动性、青年群众如何才能找到团代表、团代表联系服务青年的能力如何提高等问题还需要在实践中不断地探索和解决。再如，"改革方案"提出"打造专职、挂职、兼职相结合的干部队伍"以拓宽团干部输送渠道。然而，挂职、兼职团干部如何更好地代表青年利益，如何更好地发挥维护青年权益的作用，如何更好地反映青年的呼声和诉求，也需要我们认真加以思考。

第三，共青团改革的绩效由谁来评价。评价问题是任何一项社会改革工程都不可回避的问题。改革开放初期，邓小平提出的"三个有利于"为人们判断改革开放政策的正当性、合法性提供了重要依据，澄清了人们的思想误区。习近平总书记强调："要强化监督检查，抓好跟踪督办，建立定期评估机制，及时分析查找存在的问题和原因，增强改革的针对性、科学性、实效性。"① 共青团改革并不是共青团"一家之事"，它是全面深化改革、全面从严治党的重要组成部分，党委、政府、共青团和其他社会组织都要参与、支持共青团改革。从根本上讲，共青团改革的绩效应当由人民群众特别是青年群众来评价，人民的期待就是共青团改革的目标。与此同时，党要发挥在共青团改革中总揽全局、协调各方的作用，各级党委要指导本地区、本部门共青团改革的具体工作，及时解决共青团改革中面临的障碍和问题，将共青团改革绩效纳入党委党建工作的年度考核之中；团中央要发挥共青团改革中的"牵头作用"，要向省级团委压担子，层层传导压力；共青团中央要科学设计共青团改革考核评价指标体系，加强对团中央各部门和直属单位、省级团委、中央国家机关团委改革的监督考核，定期向社会公布共青团各地区、单位和部门的改革绩效；各级共青团组织在改革中要畅通青年群众的参与渠道，结合实际组织青年群众共同制订改革方案、共同设计改革路线、共同谋划改革蓝图，使共青团改革真正成为一场青年群众广泛参与的深度改革。

---

① 习近平:《论坚持全面深化改革》，北京：中央文献出版社2018年版，第64页。

二、去行政化：共青团何以回归青年[①]

在现代国家政治结构和权力运行体制中，群团组织的地位、功能和作用日益凸显，甚至在有些时候，群团组织的利益表达和政治诉求会对政党、政府的公共决策产生重大影响。群团改革是一项复杂的社会系统工程，涉及对群团组织的性质认定、职能定位、结构调整、权力重构、资源整合等各方面。要使群团改革真正取得实效、达到预期，关键就是找准问题的症结，将"去行政化"作为群团改革的突破口，分析问题衍生的内在逻辑和趋势，以创新的思维、改革的勇气、必胜的信念、科学的方法推进群团改革，使群团组织真正回归到人民群众的生活场景、生产实践和情感体验之中。共青团的改革也应当遵循上述原则和路径。

（一）群众性：中国共青团的组织底色

共青团是中国先进青年的群众组织，是党的青年工作的重要力量，它与党几乎同时诞生、并肩作战、同心同构。伴随历史坐标的延伸和时代空间的转换，共青团与青年、政党和国家

---

① 刘佳：《去行政化：共青团改革发展的关键点》，《中国青年社会科学》2016年第4期，第86—91页。

的联结更加紧密，其政治意义和社会价值也逐渐显现，并在国家现代化建设的实践中得到检验和确认。习近平总书记在中央党的群团工作会议上指出："群众性是群团组织的根本特点。"对共青团而言，青年群众性是共青团的根本属性和文化符号。这包含着两重含义。一方面，"青年"是共青团的组织之本、力量之源，这是共青团"组织化"的前提性条件。从发生学的角度来看，1840年鸦片战争以来，西方列强通过船坚炮利、不平等条约、商品输出、资本输出等手段，打破封建中国以自给自足的自然经济为主体的经济结构，震撼并动摇了封建政权的政治系统、社会系统和文化价值系统。在此背景下，爆发于20世纪初的新文化运动、五四运动等重大历史事件，展现出中国青年高度的民族自觉、顽强的斗争精神、强烈的历史担当、蕴含的巨大能量，青年在社会历史的"指挥棒"作用下，与"国家政权""民族独立""思想启蒙"等关键词紧紧地联系在一起，中国青年的集体行动改变了近代中国的时空走向，也改变了国人的精神面貌乃至整个中华民族的精气神。时代主题和青年行动是催生共青团的两个重要要素。青年为了共同的理想信念、价值追求而聚合在一起，共青团则是中国青年集体行动的主心骨和调控台，"在各种斗争中，青年们在共产主义青年团指导之下，总是站在前线上，而给党以很大的帮助"[1]。

另一方面，共青团是青年群众的代言人、青年利益的维护者。利益是社会成员的黏合剂，促进社会成员的流动和社会资

---

[1] 郑洸、叶学丽：《中国共产党与中国共青团关系史略》，北京：中共党史出版社2015年版，第55页。

第五章　中华民族伟大复兴与共青团改革再出发

源的分配。共同利益使来自不同社会阶层、不同行业领域、不同活动空间的个体聚集在一起，形成独立的组织并为了实现共同目标而奋斗。任何一个社会组织，都内在地包含着组织成员对共同利益的诉求和期待。作为政党青年组织的共青团亦是如此。自建团之日起，共青团就把青年的利益镌刻在自己的旗帜之上。1922年团的一大制定的"中国社会主义青年团纲领"指出："中国社会主义青年团为中国青年无产阶级的组织，即为完全解放无产阶级而奋斗的组织"，"一方面为改良青年工人、农民的生活状况而奋斗，并为青年妇女、青年学生的利益而奋斗；一方面养成青年革命的精神，使其向为解放一般无产阶级而奋斗的路上走"。1953年，《中共中央关于加强党对青年团的领导给各级党委的指示》强调："青年团在吸引青年参加党的各项中心工作和国家的建设事业中，要不断地加强团组织建设和善于根据青年的特点，采用适合青年的生动活泼的方法去进行工作；要适当照顾青年的各项特殊要求与关心青年的切身问题；要注意环绕中心工作去开展青年的各种特殊工作。"[1]2015年中央党的群团工作会议后，团中央书记处也发文强调"把青年需求作为工作的立足点，把青年满意作为衡量工作成效的基本标准。更多关注、关心、关爱青年，倾听青年呼声，维护青年权益，促进青年发展"[2]。

　　文化是组织的灵魂及其功能的外显，"青年群众性"规定了

---

[1] 郑洸、叶学丽：《中国共产党与中国共青团关系史略》，北京：中共党史出版社2015年版，第135页。
[2] 共青团中央书记处：《积极稳妥地深化共青团改革——深入学习习近平同志在中央党的群团工作会议上的重要讲话》，《人民日报》2015年10月9日。

共青团组织的文化特质和文化传统。100多年来,共青团在政党、社会和青年群众的互动和协同中,建构起以"思想引领青年、组织动员青年、服务青年成长、维护青少年权益"为主要内容的职能体系,衍生出"以青年为本"的文化传统和"青年之家""青年之友""青年之桥"等文化符号。青年群众性是共青团组织文化的显著特征和核心要素,也是共青团协助政党建构主流意识形态的重要条件。青年文化的力量是无穷的,对共青团而言,坚持以青年为中心的工作逻辑,主动建构青年主流文化,"在与青年广泛互动的过程中,不断寻求和凝聚对青年和社会的整体发展有益的文化内涵共识,并在此过程中将党的文化建设的理解融合其中,从而做到既引领青年,又将青年文化中具有探索性和创新性的内容向社会辐射"[①],最终实现执政党主流意识形态青年化和政党政治认同大众化目标。

(二)共青团行政化的表征与衍生

"行政"有广义和狭义之分,广义的"行政"是指管理国家之事,是行政主体对国家和社会事务以决策、组织、管理和调控等手段发挥作用的活动;狭义的"行政"是指组织内的各类管理工作的总称。本书中的"行政"主要指广义维度上的概念。"行政化"主要是针对非行政主体,即社会组织而言的。社会组织的行政化是指"社会组织在一定程度上被置于政府体系之内的现象。一方面,表现为政府对社会组织的严格控制;另一方

---

① 郑长忠:《在整合多元中实现对青年的价值引领——文化建设中的共青团角色》,《中国青年政治学院学报》2012年第4期,第7-13页。

第五章　中华民族伟大复兴与共青团改革再出发

面，表现为社会组织对政府的强烈依赖。在控制与依赖两种力量的共同作用下，社会组织的人事、资源和运作方式等各方面均向政府体系靠拢，依附于行政机构，带有浓厚的行政属性，缺乏应有的独立性与自主性"[1]。尽管在某些场景中，行政化在一定程度上有助于理顺组织的工作机制、提高组织的办事效率；但在多数情形下，行政化色彩浓厚的社会组织，其发展活力和内生动力必将受到影响，组织的社会性、群众性特征退化或消解，组织与群众渐行渐远，甚至异化为公共资源和公共权力的掌握者、分配者。

如果以公共权力为划分标准，共青团应属社会组织的范畴，但它又不同于一般的社会组织。共青团把党的目标、任务、理论作为自身的目标、任务、理论，与政党之间呈现"同体异构"的关系结构，并在国家政治生活中扮演着"支柱"和"纽带"的角色。

当前，共青团去行政化改革正在深入推进，共青团与青年群众的联系渠道进一步拓展，行政化的工作机制和政治化的动员方式得到一定程度的扭转，共青团对青年的凝聚力和影响力进一步提升。与此同时还要看到，共青团去行政化改革仍存在一些问题。一是内容与形式有待统一。一些团的活动形式光鲜、口号响亮，但青年响应和参与的积极性有限，活动质量有待提升。二是规模与能力有待匹配。共青团是专门协助党从事青年工作的群团组织，青年工作既是群众工作，也是政治工作。然

---

[1] 祝建兵、向良云：《社会组织行政化及其治理》，《长白学刊》2011年第3期，第73-76页。

而，当前共青团组织体系依旧存在"上层大、下层小"的问题，基层共青团组织的个体规模相对较小，在资源配置、干部队伍、活动阵地等方面存在明显短板，与共青团履行基本职责的要求不甚相配。三是干部与青年的联系有待强化。有些团干部工作方法单一，常以概念化、行政化的方式开展青年群众工作，应学习如何与青年打交道、交朋友，以便更好地开展青年工作。共青团行政化趋向的形成是一个历史性过程，在此，有以下三个关键问题需要进一步强调。

第一，行政化与共青团的群众属性格格不入。行政化并非共青团与生俱来的特质，而是共青团在经济改革、社会转型、价值冲突和利益多元的复杂社会环境中沉淀并逐步形成的。在革命战争年代，共青团以青年化的手段开展工作，对青年群众具有极大的吸引力。1932年3月1日，共青团中央在《给各地团部关于宣传鼓动工作的信》中指出："各地团支部应当根据这些任务和口号，站在青年的立场上来把它具体化"，例如，"在宣传士兵与民众联合的口号上，必须了解士兵对于他们的长官间的关系是怎样，利用兵士对某个长官的不满，去进行士兵中的鼓动"。在革命时期，共青团青年群众工作能够很好地把握青年的特点，在青年需要和团的要求中保持平衡。在市场经济条件下，共青团青年群众工作的青年属性、群众属性弱化了，一是由于青年群体发生了分化和分层，二是因为共青团的职能范围和工作体系比过去扩大了。可见，共青团行政化是内因和外因共同作用的结果。我们认为，提高共青团的青年工作能力和水平，就必须坚定破除行政化的信心和决心，让共青团回归青年群众，这是执政党对于共青团改革的时代要求，也是共青团

第五章 中华民族伟大复兴与共青团改革再出发

自我生存和持续发展的根基。

第二,共青团与公共权力的距离最近,极易产生"行政惯性"。群团各级机关均属体制内组织,依托执政党和现有行政体系,得先天之力,拥既定之势,在物质条件不断改善的情况下,群团离群众不是近了,而是远了;联系群众不是多了,而是少了。比如,从干部晋升的路径和现实经验来看,共青团是党的后备干部的储备库,共青团干部的未来晋升空间、渠道、速度优势明显,导致少数干部把共青团当作职务升迁的"弹簧椅",对党的青年工作和团的事业并不安心。再如,共青团的机构设置、运行机制、管理方式、干部配备等与政党和政府几乎无异,并在一定程度上享有公共资源的决策权、分配权,共青团作为"政治参与的'第三极'发挥对立法、公共政策、宏观调控和公共服务的干预功能,通过直接向党或政府提出意见和建议影响政治行为和公共政策"[1]。

第三,去行政化是共青团改革的关键一环,也是难点所在。群团组织与群众的关系,实际上就是党与群众的关系,"共产党员应紧紧地和民众在一起,保卫人民,犹如保卫你们自己的眼睛一样,依靠人民,犹如依靠自己的父母兄弟姊妹一样"[2]。共青团改革是一项复杂的社会系统工程,它不是对某一操作环节、工作领域、规章制度的小修小补,而是要从改革共青团青年工作的体制机制、组织人事制度、资源配给等方面入手,重新理顺党团关系、团青关系和团社关系,打破共青团对公共权力的

---

[1] 高宁、刘佳:《社会组织的社会责任》,太原:山西人民出版社2015年版,第86页。
[2] 《毛泽东文集》(第3卷),北京:人民出版社1996年版,第45页。

路径依赖，使共青团真正回到青年身边、回归青年群众。在诸多改革环节中，去行政化是改革中最为关键的一环。这是因为，行政化是历史的沉淀，涉及共青团运行机制和管理体系的深层次调整，去行政化在共青团改革工程中复杂程度最大、操作难度最大，推进去行政化改革有助于向社会公众彰显共青团改革的信心、勇气和魄力，打破外界传言和疑虑，进而改善共青团与青年群众的关系，实现增进青年福祉和提升共青团公信力的双重目标。

（三）共青团去行政化改革的路径与前瞻

毛泽东指出："官僚主义的领导方式，是任何革命工作所不应有的。"[①] 共青团行政化的生成逻辑是复杂的，共青团去行政化改革也需要做好"持久战"的准备。共青团去行政化改革，就是要摒弃官僚主义的倾向、脱离群众的倾向、衙门办公的倾向，以利益、情感、兴趣等元素巩固和强化共青团与青年的纽带。改革开放以来，共青团去行政化改革有几个关键事件。1988年团的十二大提出了共青团改革的整体方案："共青团作为先进青年的群众组织，应具有三种主要的社会职能，这就是：团结、教育、引导青年在建设有中国特色的社会主义的实践中建功成才，组织青年参与社会主义民主政治建设，代表和维护青年的具体利益。在团的体制改革中，首先要按照上述职能去确定工作的指导思想、组织制度、工作内容和活动方式，努力克服行

---

① 《毛泽东选集》（第1卷），北京：人民出版社1991年版，第124页。

第五章　中华民族伟大复兴与共青团改革再出发

政化和功能单一化的倾向。"①1989 年,《中共中央关于加强和改善党对工会、共青团、妇联工作领导的通知》提出:"党组织应当支持工会、共青团、妇联依照法律和各自的章程,执行它们上级组织的决议,独立自主地、创造性地开展工作。"②1993 年,共青团十三届二中全会通过的《在建立社会主义市场经济体制进程中我国青年工作战略发展规划》提出:"在共青团和青年工作的结构、依托、保障等主要方面和重要环节上实行调整和改革,加强基础建设,逐步建立与社会主义市场经济体制相适应的共青团和青年工作运行机制。"③2003 年,共青团十五届二中全会颁布的《全面建设小康社会进程中共青团工作战略发展规划》提出:"以改革的精神加强和改进团的建设。坚持党建带团建,坚持以服务促建设、以服务求活跃,与时俱进,开拓创新,不断建立健全与社会主义市场经济发展相适应的共青团组织体系和运行机制。"2015 年,中央党的群团工作会议后,共青团改革进入快车道。以上这些事件片段,集中反映了"回归青年群众"是共青团去行政化改革的基本思路和主要路径,这也是共青团改革的最高价值归宿。

在共青团去行政化改革的实践层面上,2016 年以来,上海团市委对此进行了积极探索:一是精简内设机构不低于百分之二十五,构建扁平化的工作体系;二是提高基层代表委员比例,

---

① 共青团中央办公厅:《党的十一届三中全会以来共青团重要文件汇编》,北京:中国青年出版社2001年版,第132-133页。
② 共青团中央办公厅:《党的十一届三中全会以来共青团重要文件汇编》,北京:中国青年出版社2001年版,第13页。
③ 共青团中央办公厅:《党的十一届三中全会以来共青团重要文件汇编》,北京:中国青年出版社2001年版,第284-285页。

共青团代表大会中的基层代表比例应高于百分之八十,改革群团机关专职干部遴选方式,吸纳优秀青年担任团的领导干部,首次设立"无工资无级别"的团市委副书记;三是加强共青团基层组织覆盖,在青年组织、"两新"组织、重点空间、网络空间等领域建团;四是承担政府青少年服务职能,打造网上共青团,弥补工作短板。共青团去行政化改革不是一场"盛宴",必然面临着许多现实性困难。作为全面深化改革的子篇章,我们要在国家治理体系和治理能力现代化建设以及改进党的群团工作的大格局中,把握好共青团去行政化改革的方向、重点和路径。

第一,共青团去行政化改革不等同于去政治化。政治不等同于行政,政治性是共青团的灵魂,也是共青团区别于其他青年社会组织的根本标志。共青团去行政化改革必须始终坚持党的领导和中国特色社会主义群团发展道路,要破除影响党青关系、团青关系的体制机制障碍,按照团的章程和青年群众组织发展的规律建团,拉近党青、团青的情感距离和组织距离,克服共青团干部官僚主义、衙门主义、形式主义的不良作风和习惯,净化共青团组织的政治生态,以去行政化改革为契机夯实党执政的青年群众基础,强化并凸显共青团的政治性和先进性。

第二,干部人事制度改革是共青团去行政化改革的突破口。改善团干部队伍整体结构和自然属性,通过兼职、挂职、交换、外调等形式招募更多基层优秀青年担任共青团领导职务,扩大一线青年群众、青年工人、青年学生、青年知识分子、青年农民等在团的各级委员会中的比重,畅通各界青年参与团内事务管理和重要决策的渠道,拓展团内民主空间,发挥不同领域青

第五章 中华民族伟大复兴与共青团改革再出发

年人才的智力优势和资源优势，提高共青团科学决策和民主决策能力。

第三，基层共青团去行政化是全团改革的重点。与团的决策机关相比，县级以下团组织与青年接触最多，与青年的距离也最近，但实际上，基层团组织在青年群众中的存在感并不十分强烈。去除行政化与强化群众性是此消彼长的关系，基层团组织去行政化改革更容易让青年群众强化对共青团改革的真实获得感。从理论逻辑来看，共青团的政治性特征会伴随团组织层级的降低而弱化，而群众性特征则会凸显，实现共青团的政治性目标必须以开发和拓展共青团的社会性功能为前提。因此，在基层共青团改革实践中，要在巩固和拓展基层共青团组织覆盖面的基础上，将"服务型团组织"作为基层共青团改革的组织形态和实践渠道，构建完善的共青团青年服务体系，培育青年服务专业化团队，提高共青团服务青年群众的能力和本领，使共青团改革成果落实落地，惠及青年群众。

第四，去行政化要与共青团其他领域改革相衔接。在改革中，要避免出现"为了去行政化而去行政化"的倾向，也要避免出现"以一种新的行政化代替旧的行政化"。要把去行政化改革嵌入共青团改革的整体工程和各个环节之中，要引入竞争机制、参与机制，让青年群众不仅成为共青团的工作对象，更要成为共青团的"主人翁"。比如，在团的活动设计中，团组织要鼓励青年积极参与，以青年的思维、兴趣、文化设计活动，让青年出点子、提建议、谈想法；在青年典型评选中，要引入青年评价机制，提高普通青年担任评委的比例，鼓励青年典型与青年群众面对面、话成长；在团的基层组织建设中，要通过构

建服务型基层团组织提高共青团对青年的吸引力、扩大组织覆盖面，根据共青团职能和任务，开发共青团服务青年"项目表"和"服务清单"，培养一批职业化、专家化的青年服务人才，提升共青团的服务质量和服务水平。

共青团去行政化改革要把握好"破与立"的关系，要重点解决共青团脱离青年群众的问题，以增强青年服务能力为杠杆，以改善共青团工作作风、工作方法为重点，以改革共青团组织人事、资源配置、权力结构等为关键，在党的领导下最终取得共青团去行政化改革的实效。

第五章　中华民族伟大复兴与共青团改革再出发

三、话语创新：共青团何以引领青年①

中国共青团被视为党联系青年的"桥梁"和"纽带"，是国家政权的支柱和社会治理的主体。共青团以其独特的组织系统和青年化引导动员机制，把政党的意识形态转化为青年的思想观念，把党的政治主张转化为青年的集体行动，把党的奋斗目标转化为青年的人生方向。执政党的强力推进、共青团的因势利导、舆论环境的支持响应、青年群众的广泛参与，都为上述"转化"的实现创造了有利条件。其中，共青团话语体系建设是一个不容回避的环节。

（一）共青团视野下的"话语"与"话语体系"

马克思主义唯物史观认为，话语同人的意识活动一样，是人类历史发展到一定阶段的产物，"语言和意识具有同样长久的历史"②。话语的社会历史意义，不仅在于描述世界的样态、传递知识和经验，保留并延续人类社会的文明成果，更在于它构建起人与人之间思想互动的渠道。话语符号承载人的价值观念和思想文化，话语符号的运用和传播使处在不同社会角落中的人

---

① 刘佳：《共青团话语体系的理论内涵、历史逻辑与建设前瞻》，《北京青年研究》2018年第4期，第51—58页。
② 《马克思恩格斯选集》（第1卷），北京：人民出版社1995年版，第81页。

们联系起来，是人能够以组织化的形式进行集体行动的必要条件。英国著名语言学家费尔克拉夫指出："话语不仅反映和描述社会实体与社会关系，话语还建成或'构成'社会实体与社会关系。"① 话语为人类社会建立起新的社会关系，拓展了人的交往和活动范围，也使地域性的文化具有了世界历史特征。话语体系，即由词语、句子等语言要素构成的语义群及其表达方式的总称，语义群是话语体系的内容要素，表达方式是话语体系的形式表征，语义群决定话语的表达方式，话语表达方式反映语义群的思想主旨。共青团话语体系有广义和狭义之分，广义上是指共青团履行一切职能、开展一切工作和活动时所运用的话语要素及其表达形式，是共青团一切活动的语言表现形态；狭义上是指共青团思想政治引领的话语体系，即共青团在教育引导青年时所输出的话语内容、运用的表达技巧、采取的表达方式的总称。

社会发展的历史进程不可逆转，当代中国正处在这个不可逆转的"洪流"之中。"中国社会自20世纪70年代末就已经进入了深刻的社会改革时期，如果把这种改革的历史尺度放大，可以视为从农业文明社会向工业文明社会转变的社会转型。对中国社会而言，社会转型所引发的社会变化是巨大而深刻的，这种变化绝不仅仅是某些规章制度和政治、经济体制的修修补补，而是从社会的生产方式和人的生存方式，即文化模式层面进行的深刻变革。"② 社会存在决定社会意识，社会转型与变革必

---

① [英]诺曼·费尔克拉夫：《话语与社会变迁》，殷晓蓉译，北京：华夏出版社2013年版，第3页。
② 陈树林：《文化哲学的当代视野》，北京：人民出版社2010年版，第274页。

第五章　中华民族伟大复兴与共青团改革再出发

然导致民众价值观念和思想文化的分化和裂变，如果不能对民主的思想进行有效整合、疏通引导、化解分歧，那么社会思想领域的问题就很容易演变为威胁国家政治安全和社会稳定的"隐患"。习近平总书记指出："宣传思想工作创新，重点要抓好理念创新、手段创新、基层工作创新，努力以思想认识新飞跃打开工作新局面。"[1]这是执政党对在新的历史条件下做好意识形态工作的主动回应，也是共青团积极推进话语体系创新的现实依据。

话语体系是青年文化的特殊符号，是共青团与青年互动的重要媒介。"青年文化是在特定的社会文化环境中，由青年这一社会群体创造并在青年中普遍传播，得到青年基本认同的独特的价值体系、行为规范以及生活方式的总和。"[2]特定的社会历史和文化环境是青年成长发展的土壤，青年的价值体系、行为规范、生活方式能动地反映特定社会历史文化的特征。青年文化本质上是一种亚文化形态，它可能与主流文化同质同构，也可能异质异构，这取决于青年文化在"内核"上是否坚持了马克思主义。文化总是以一定的形态或符号表现出来的，语言是文化的最直接表征，青年文化也不例外。话语体系是青年文化的重要表达符号，有什么样的青年文化，就有什么样的话语体系。以网络话语为例，随着青年网络文化的普及和传播，青年网络话语应运而生并被广泛使用。网络时代下的青年文化更加开放、

---

[1]《胸怀大局　把握大势　着眼大事　努力把宣传思想工作做得更好》，《人民日报》2013年8月21日。

[2] 万美容：《论青年文化及其功能》，《学校党建与思想教育》2010年第14期，第17–20页。

更具个性,其对应的话语体系也更加生动活泼,更加注重信息技术(音频、视频、图片)对传统话语体系的填充和丰富。共青团提出加强网上团建、加强网络青年思想引导工作,就是适应青年网络话语兴起的应然之举。

共青团思想政治引领离不开话语体系的有力支撑。思想政治引领是共青团最为重要的组织职能,是共青团的"生命线"。习近平总书记强调:"要用中国梦打牢广大青少年的共同思想基础,教育和帮助青少年树立正确的世界观、人生观、价值观,永远热爱我们伟大的祖国,永远热爱我们伟大的人民,永远热爱我们伟大的中华民族,坚定跟着党走中国道路。"[1] 共青团思想政治引领,本质上就是做青年人的思想工作。"思想"不会无缘无故地装到别人的脑袋里,"思想对话"也不会凭空地发生。思想的运动、人与人之间的思想交流碰撞都需要"话语"这个要素作为支撑。也就是说,话语是不同思想之间得以交流、转化、互融的纽带,思想的传递、转译、诠释都需要话语的全程介入。话语是思想的表达形式,反映思想的核心主旨。共青团思想政治引领的关键在于,把执政党的意识形态话语转化为青年群众能够接受并愿意接受的"青年话语",掀去传统政治意识形态话语的冰冷面纱,变革政治说教和思想灌输的僵硬方法,让青年群众真正接受、认同、践行主流意识形态话语的精神内涵。

推进共青团话语体系变革是话语体系自身发展逻辑使然,也是共青团改革创新之举。话语体系具有顽强的生命力,它会随着时代和实践的发展,淘汰那些被人遗弃、被时代抛弃的话

---

[1] 习近平:《在同各界优秀青年代表座谈时的讲话》,《人民日报》2013年5月5日。

语元素,吸收那些被民众接纳、被实践创造的新的话语元素,在话语元素的"否定之否定"中实现对自身的超越。共青团必须顺应话语体系的变革发展规律,定准话语体系变革发展的大方向,主动促成共青团话语体系的"更新换代"。同时还要意识到,当代中国经济体制转型加速了"社会"的生成,一大批青年社会组织如雨后春笋般兴起,既有官方组织,但更多的是民间青年组织、草根青年组织、青年自组织等,这些青年组织为吸引更多青年加入,也在主动推进本组织的青年话语建设和创新。当代中国已经形成了一个新的青年组织生态格局,共青团只是诸多青年组织的一个,只是青年面对的诸多选项中的一项。"在话语多元化的今天,谁能在了解青年话语发展规律的基础上成功进入青年的话语语境,实现与青年真正无障碍的沟通,谁就会对青年产生真正的话语影响力,成为影响青年成长的真正话语主体。"[①]可见,共青团改革内在地包含着共青团话语体系变革的主题。

(二)共青团话语体系建设的历史沿革

1949年,新中国诞生,这不仅意味着政治上的统一,更意味着意识形态的"同一"。意识形态领域的"同一性",意味着马克思主义、毛泽东思想成为党和国家全部政治生活和百姓社会生活的根本指导思想;还意味着,在炮火中孕育而生的无产阶级革命精神和集体主义,成为社会生活和百姓日常的道德主

---

① 刘丙元:《论文化多元化背景下的共青团话语系统建设》,《中国青年社会科学》2016年第2期,第87-92页。

导，封建主义残余思想和资产阶级意识形态在无产阶级道德的挤压下渐次消解。"随着生产资料社会主义改造的完成，以毛泽东为代表的中国共产党人在建立了社会主义中国的政治与经济秩序后，也建立起相应的意识形态秩序，即无产阶级的革命的意识形态。"①

1949年至1976年，是我国社会主义建设时期。百废待兴的旧中国犹如一张"白纸"，对刚刚转型为执政党的中国共产党人来说，这是起点，更是挑战。国家意识形态领域的发展，几乎与经济、政治和社会建设同步。此时共青团的话语体系与执政党的意识形态话语体系是高度同质的，不仅在内容上高度一致，甚至在话语表达形式上也趋近雷同，共青团尚未形成具有自身组织特性、体现青年群体特点的话语体系。共青团对执政党意识形态话语的"拿来主义"倾向，实质上是革命年代政治动员逻辑在青年思想教育中的延续，虽然有利于纯净青年的思想，但也挤压了青年个体性的思想诉求和文化需求。

吸取毛泽东时代国家意识形态建设的经验和教训，邓小平努力纠正意识形态建设的"偏向"和"迷失"，把意识形态拉回到它本应该归属的那个领域——思想文化领域。诚然，对意识形态的"纠偏"并不等于削弱意识形态对于政权的支撑和保障作用。在改革开放的条件下，西方国家资本、技术、人才、管理经验的涌流必然造成西方资产阶级价值观念和腐朽文化的渗透和入侵，这一向被西方别有用心之人视为改变中国"颜色"

---

① 吴海江、杜彦君：《积极推进当代中国国家意识形态建设》，《思想理论研究》2014年第7期，第43-49页。

第五章　中华民族伟大复兴与共青团改革再出发

的"低成本"之策。面对社会转型中传统与现代的激烈碰撞，邓小平提出"物质文明与精神文明，两手都要抓，两手都要硬"的重要论断，为正确处理生产发展与文化发展的关系提出了根本性指导。社会主义现代化建设，"不仅经济要走上去，社会秩序、社会风气也要搞好，两个文明建设都要超过他们，这才是有中国特色的社会主义"①。改革开放初期的共青团，也在努力跳出毛泽东时代那种带有强烈政治倾向和阶级色彩的话语体系，尝试在党的意识形态与青年群众之间构建起话语转化的有效机制，共青团话语体系建设更加照顾青年特点，更加符合青年群体的社会分工要求。1986年，共青团十一届五中全会作出的《关于共青团员要做社会主义精神文明建设先锋的决议》指出，每一个共青团员，都要为实现全国人民的共同理想奋发进取建功立业，把对最高理想的追求熔铸在为社会主义现代化建设的艰苦奋斗之中，树立符合时代要求的思想观念，用马列主义、毛泽东思想和现代科学文化武装自己。为了进一步突出思想引领青年的针对性，团中央在此决议中对工业战线、农村、服务业、个体劳动、大中学生、教科文和机关、人民解放军和武装警察部队中的团员青年如何用科学理论和现代文化武装头脑、指导实践分别提出具体要求，更加符合不同行业领域团员青年的身份特点，有助于不同行业领域的团员青年把党的意识形态教育融入本职岗位的具体工作，融入自身职业发展的整个过程。

以1989年12月《中共中央关于加强和改善党对工会、共青团、妇联工作领导的通知》出台为标志，共青团话语体系建

---

① 《邓小平文选》（第3卷），北京：人民出版社1993年版，第378页。

设在20世纪90年代以后得到全面加强。1992年党的十四大提出建设社会主义市场经济体制的经济改革总目标。1993年5月,胡锦涛同志代表党中央在团的十三大的祝词中强调,作为团结教育青年的核心,共青团要始终坚持建功和育人相结合,坚持不懈地在青少年中加强党的基本路线教育,爱国主义、集体主义和社会主义教育,近代史、现代史和国情教育,中华民族优良思想文化传统教育,当前要突出爱国主义教育,用爱国主义精神召唤青年,团结青年,凝聚青年,在实践中引导和培养他们成为社会主义事业接班人。党中央的祝词为社会主义市场经济条件下共青团话语体系建设提出了三方面要求:一是继续发挥共青团在团结教育和思想引领青年中的核心作用和特殊功能,把话语体系建设摆在共青团思想政治工作中的突出位置;二是共青团话语体系建设的内容应包括爱国主义、集体主义、社会主义教育,中国近现代史和基本国情教育,中华民族优秀传统文化教育等,坚决抵制西方资产阶级思想特别是自由化思想对青年的侵蚀;三是共青团话语体系建设要走"群众路线",把社会实践作为锤炼培养青年的重要途径,增强话语体系对组织发动青年投身社会主义市场经济建设的牵引促进作用。伴随改革开放的持续深入推进,共青团逐步构建起具有自身组织特点的思想建设话语体系和方式方法,共青团思想建设更加聚焦于青年群众,更加注重引入现代技术手段,更加注重与青年平等对话,更加注重思想建设的现实性和实践性。

党的十八大以来,以习近平同志为核心的党中央提出"实现中华民族伟大复兴的中国梦是中国青年运动的时代主题"的重要论断。中国梦有力整合了中国共产党意识形态话语的既有

第五章 中华民族伟大复兴与共青团改革再出发

内容,把处于条块分割状态的理论体系进一步优化重组,构建起以"我的中国梦"为主题,以中国特色社会主义教育、社会主义核心价值体系教育、中国优秀传统文化教育、中国青年理想信念教育为主要内容的多层次、立体式中国共青团思想建设话语体系。共青团话语体系建设在实践中成为热点,在理论上成为"显学"。团中央书记处指出:"各级团组织必须高度重视思想政治引领工作,牢固树立'全团抓思想政治引领'的意识,把思想政治引领工作贯穿到开展的各种活动中去,帮助青年树立理想信念的精神支柱,树立向上向善的价值追求。"①把思想政治引领工作贯穿到开展的各项活动之中,关键在于共青团思想引领的话语体系同所开展的各种活动相结合,把平面化、静止化的政治话语转化为立体化、运动化的活动话语。在群团改革背景下,共青团着力推进话语体系变革与创新,以贴近青年、贴近实际、贴近生活的话语内容和表达体系赢得青年的认同,增强话语思想性,提高话语灵活性,推进话语传播技术、传播手段、传播载体的创新与变革。

(三)共青团话语体系建设的思路与方向

随着信息网络社会的来临,互联网络技术深刻改变着青年群体的社交模式、生活方式和文化消费习惯,网络话语体系逐渐成为一种强势话语,青年人际间的沟通和交往也越来越依赖于网络话语。这是当前共青团话语体系建设的一个大背景,也

---

① 共青团中央书记处:《积极稳妥地深化共青团改革——深入学习近平同志在中央党校的群团工作会议上的重要讲话》,《人民日报》2015年10月9日。

是大机遇。互联网对共青团而言，不仅是一种外部环境，还是一种技术支撑。互联网、新媒体、大数据等技术的广泛普及和应用，意味着共青团工作体系和青年动员模式的深度转型。"适应以互联网为代表的信息技术、数字技术给我们的生活方式带来的变化，在'互联网+'时代焕发出新的生机与活力，重新建构价值认同、组织形态、制度模式是群团组织必须直面的重要问题。"[①] 青年不仅是现实生活的存在、社会组织的存在，也是网络关系的存在。青年离不开互联网，互联网已成为青年的第二生存场域。互联网时代下共青团话语体系建设的一个重要方向，就是构建共青团的网络话语体系，这是顺应互联网时代到来和青年网民规模扩张的必然之策。共青团要强化"互联网思维"，善于运用网络新媒体同青年平等对话、线上互动、沟通交流、培育情感、增进认同，要以青年的文化逻辑研发设计生产一批深受青年喜爱的思想文化产品，充分利用声音、图像、多媒体等技术手段对主流意识形态话语体系进行青年化、时尚化改造，大力培育网络青年评论员、舆论员，在重大事件和热点事件中主动发声亮剑、澄清是非、激浊扬清。

除了适应网络时代的发展对话语体系建设提出的新要求外，共青团还要增强对话语权的掌控。中国共产党与共青团的特殊政治关系，决定了共青团对话语体系建设赋有天然的权力，这种权力缘于共青团在国家政治体系中的特殊地位，缘于共青团对执政党承担的特殊政治责任。习近平总书记指出："团的工作

---

① 胡献忠：《4.0版共青团：群团改革语境下的"互联网+共青团"》，《中国青年社会科学》2016年第4期，第80—85页。

第五章　中华民族伟大复兴与共青团改革再出发

要把握住根本性问题,把培养中国特色社会主义事业建设者和接班人作为根本任务,把巩固和扩大党执政的青年群众基础作为政治责任,把围绕中心、服务大局作为工作主线。"① 共青团话语权的合法性,根源于广大青年群众是否接受和认可。从这一点来说,共青团话语权实际上也是青年的话语权。共青团是政治性与群众性的统一,共青团话语权也是政治性与青年性的统一。但话语权的强势不是一劳永逸的,过去拥有不等于现在拥有,现在拥有不等于永远拥有。消解共青团与青年群众之间的话语隔阂,拓展共青团与青年群众之间的话语沟通渠道,根本之道在于共青团要回归青年、回归群众、回归生活。变革共青团组织动员方式,深化共青团体制机制改革,始终要把服务青年成长、促进青年发展作为最高指向,只有在利益上满足了青年的需要,才有可能在话语上吸引青年的注意力。

共青团话语体系建设的另一个重要内容,就是加强话语内容的供给和话语表达方式的创新。内容供给质量决定共青团话语体系的思想深度,形式的创新水平决定共青团话语体系的青年接受程度。在当代,共青团话语体系的主体性内容就是马克思主义中国化的理论成果——中国特色社会主义理论体系。中国特色社会主义理论体系是用马克思主义理论思维构建出来的,秉承了实践唯物主义、辩证唯物主义、历史唯物主义的方法论

---

① 《习近平在同团中央新一届领导班子成员集体谈话时强调　代表广大青年赢得广大青年依靠广大青年　让广大青年敢于有梦勇于追梦勤于圆梦》,《人民日报》2018年7月3日。

原则，体现了科学理论应有的思维品质。① 中国特色社会主义理论体系是中国共产党用政治话语建构而成的整体性理论体系，具有极强的逻辑性、鲜明的政治性、显著的时代性。这也决定了共青团话语体系建设必须体现政治属性。然而，政治性与通俗性之间存在结构性张力，即话语体系的政治性越强，通俗性就越弱；话语体系的通俗性越强，政治意涵就会被淡化。共青团话语体系建设，需要在完完整整宣传"中央精神"与激发青年群众学习"中央精神"的关系中把握好结合点，即要以话语体系的表达形式创新缩短理论体系与青年群众的距离，化解理论体系在青年群众心中的"刻板印象"，增强理论体系表达的感染力、亲和力、传播力。坚持内容与形式相统一原则，话语表达方式的变革只是形式的改变，内容是决定形式的根本性因素。共青团自觉承担起推进马克思主义中国化理论创新的重任，发挥团中央中国特色社会主义理论体系研究中心的智库作用，大力培育共青团理论研究机构，深化团校改革，加强共青团理论学科建设，增强共青团干部的理论创新能力和话语表达能力，为党的科学理论话语赋予更多青年的特质、时代的精神、共青团的风格。

---

① 李冉：《如何认识中国特色社会主义理论体系的科学性》，《毛泽东邓小平理论研究》2016年第8期，第56—61页。

第五章　中华民族伟大复兴与共青团改革再出发

四、治理能力：共青团何以应对风险[①]

2019年年末，新冠疫情突如其来，对国家治理体系和治理能力提出严峻考验。疫情防控的一项基本原则就是"群防群控"，即充分将人民群众组织起来，汇集成防控疫情的强大合力。作为中国共产党领导的群团组织，共青团在疫情防控中负有天然责任。然而，只看到共青团在疫情防控中的工作逻辑是不够的，还要进一步反思共青团组织转型的短板和不足，以前瞻性、批判性思维审视风险时代对共青团组织建设与能力体系提出的挑战。

（一）现代化与社会风险

我们可以从语料库中找到很多正面性词语定义当下，比如，这是一个美好的时代、一个奋斗的时代、一个张扬自我的时代、一个实现梦想的时代。然而，人们忘记了，我们在享受这个时代的安逸和满足，消费这个时代的财富和文化时，风险悄然无声伴随而来。"风险"通常是指对现实稳定有序状况构成威胁或破坏的否定性因素，体现社会共同体对不确定性负面事件的忧

[①] 刘佳：《化危为机：防范化解重大风险与共青团改革再出发——基于新冠肺炎疫情防控的几点思考》，《高校共青团研究》2020年第Z1期，第19-27页。

虑和担心。风险与安全相对应，因为风险的存在，人们才渴求安全的环境，因为人们希望守住当下的安全，所以才要预测和防范可能发生的风险。

  安全是一个相对范畴，而风险是一个绝对概念。风险无时不在，它贯穿人类社会发展的整个历史。在社会生产力水平较为低下的时代，自然界是最重要的风险源，人类社会的早期历史就是与自然抗争的历史。随着社会生产力的发展和科学技术的进步，人类从被动依赖服从自然转变为利用改造自然，人与自然是休戚与共的生命共同体。无论技术工具发展到何种阶段，人在自然界面前总是渺小的，人绝对驾驭自然和控制自然是不现实的，也是不可能的，但人类可以把自然界的风险源控制在一定限度内，将可能造成的损失压缩到最低限度。

  人类对自然风险的管控能力随着国家行政体系的健全和现代科技的进步而不断增强，自然界风险不再成为人们关注的"主角"，代替它的是来自社会领域的各种隐性风险。德国著名社会学家乌尔里希·贝克在《风险社会》一书中将风险理解为对现代化的反思性后果："风险可以被界定为系统地处理现代化自身引致的危险和不安全感的方式……是与现代化的威胁力量以及现代化引致的怀疑的全球化相关的一些后果。"[①] 资本增殖运动开启了现代化的序幕，现代化遵循理性主义和专业主义路线，致力于建构社会生产的专业化分工—协作体系，以实现个体利益最大化。资本主义的发展就是专业化分工与组织化整合的过

---

① [德]乌尔里希·贝克：《风险社会》，何博闻译，南京：译林出版社2004年版，第19页。

第五章　中华民族伟大复兴与共青团改革再出发

程，马克思在《资本论》中详述了资本主义生产组织演进的历史过程以及工厂体制的分工—协作特点。穆勒的功利主义理论阐释了现代社会的道德尺度，资本主义就是追求每个人的最大幸福，而每个人利益的最大化就意味着整个社会利益的最大化。专业化分工—协作体系与利益最大化的个体行动原则，共同构成资本主义现代性的运行框架与价值内核。

然而，资本主义现代性在创造巨大物质财富的同时，也生产出自身的对立面，"随着大工业的发展，资产阶级赖以生产和占有的产品的基础本身也就从它的脚下被挖掉了"[①]。工人阶级作为资产阶级的对立阶级，如此大规模的社会力量被资产阶级政治国家视为最大的风险源。马克思对资本主义现代性进行了深刻批判，认为资本主义现代性是以资产阶级对社会劳动的无偿占有为物质前提，以资产阶级国家法权对社会整体控制为制度保障，以对资产阶级局部利益渲染为全社会整体利益的虚假意识形态为装饰，以全球市场空间拓展为发展动力的非正义现代性，这种非正义现代性本身就蕴含着自我毁灭的风险，马克思认为这是一种历史必然。

如果撇开所依附的社会制度形态不谈，就拿现代性本身来说，其自身也蕴含着难以克服的缺陷。现代性以专业化分工—协作为基础，因此，社会内部的各分工部门共同构成基于专业精神的动态网络系统，在资源供给充足和社会善治条件下，动态网络系统处于相对稳定的自运行状态，系统能够自主吸纳信息和资源，对信息和资源进行严格甄别和加工处理，实现资源

---

① 《马克思恩格斯选集》（第1卷），北京：人民出版社2012年版，第412页。

和利益的公平分配及信息的顺畅传输,能够自主识别和纠正系统内部的连接障碍和信息盲点,具有较强的自我修复和更新能力。专业化分工—协作动态网络系统的优势在于,它能够达到资源配置的帕累托最优,确保人尽其才、物尽其用。但是现代性的上述优势恰恰也成为它的劣势,如果这个动态网络系统的存续前提不复存在,即资源供给中断、社会发生动荡或者突发意外事件,就会造成系统中某一要素发生裂变或某一环节发生断裂,导致整个社会动态网络系统的停摆甚至瘫痪,使之恢复则需要耗费巨大的时间成本和民生成本。对动态网络系统存续前提造成破坏或干扰的因素就是风险因素,以可控性为判定标准可以将风险因素划分为自然风险和人为风险两种类型。随着人类对自然改造和利用程度的加深,自然风险往往能够追溯到人造风险,人造风险有可能连锁性引发自然风险。

中国经过改革开放的长期积累,一方面塑造形成国家物质生产和流通的高效运转系统,极大改善了人民的生活质量和体验感,中国政治发展扎根于强有力的民生保障基础之上,不仅在形式上展现"主权在民"的政治要义,更在实质上形成了以民生战略为核心的"有根的政治"[①];另一方面,随着整个社会的生产—分配—消费系统融为一体,经济形态—政治形态—意识形态—社会形态相互嵌构,国家与社会在"社会主义现代化"和"中华民族复兴"的主题下被中国共产党整合为一体,并在制度形态上确立了"中国共产党是中国特色社会主义最本质特

---

① 陈明明:《以民生政治为基本导向的政治发展战略》,《江苏社会科学》2012年第2期,第129-133页。

征和最大制度优势"的结构体系,从而使当代中国真正成为以专业化分工—协作为基础的动态网络社会,并且由于中国对外开放水平的拓展和国际合作加强,中国动态网络社会的变迁与发展具有世界意义。当代中国已经进入风险时代,这是一个正在生成的事实。在现代性的世界历史叙事中,中国不可能且不具备自我消化一切风险因素的能力,它"将拥有一种全球化的内在倾向"[1],风险时代不仅是中国现代化发展逻辑的内在规定性,也是全球一体化发展的内在倾向。如果风险不能得到有效管控,中国现代化进程就可能中断,民生政治发展就会受阻,人民利益将会遭受重大损失。因此,中国共产党反复告诫全党要时刻做好应对各种风险的准备,大力发扬斗争精神,切实提高斗争本领[2]。

(二)国家治理与社会风险

"国家治理"作为一个政策概念提出于2013年,它是1949年以来中国社会演进和政治形态变迁的历史性结果,是社会主义国家建设推进到一定阶段的必然要求。1949年,新中国成立后,革命战争年代的风险环境并未因人民政权的诞生而有丝毫改善,相反,反革命势力潜伏于社会暗处,他们大搞恐怖活动,严重威胁社会秩序和政治安全,加之西方国家对红色政权虎视眈眈,惧怕共产主义运动席卷全球,因此采取在政治上孤立、经济上封锁、军事上挑衅的组合策略,人民政权的内外部生存

---

[1] [德]乌尔里希·贝克:《风险社会》,何博闻译,南京:译林出版社2004年版,第38页。

[2] 刘佳:《中国共产党"伟大斗争"研究》,北京:人民出版社2019年版,第43页。

环境极为恶劣。亨廷顿认为,一个国家的政权体系必须同外部环境相适应,达成这种适应性的关键在于促成国家政治体系转型和调适,其中制度转型具有决定性意义,"一个具有高度制度化的统治机构和程序的社会,能更好地阐明和实现其公共利益"①。为此,中国共产党在新中国成立伊始就构建以中国共产党组织网络为基本框架,权力集中,条块结合,横向到底,纵向到边的社会组织化体制。在该体制中,社会被视为国家的统一体,中国共产党将其吸纳到政治国家中,使之形塑为一个高度政治化的社会,政治学称之为"单位社会"。

"单位社会"是中国共产党为应对国内外风险而对社会进行系统再造的结果,它是人民民主专政在社会结构上的具体表现。在一个社会发展水平相对迟缓的国家搞大规模工业化建设,实现社会资源的有效整合与合理配置,就不可能像西方国家那样借助市场机制来实现,因为直到1949年新政权建立中国也不存在完全意义上的市场机制。市场机制的缺失使得个人与国家之间的联系必须借助于其他机制,中国共产党通过构建单位体制实现了个人与国家的联结,在组织形态上兑现"人民当家作主"的政治承诺。

"单位"是中国共产党为了在较短时期内完成国家工业化建设任务,巩固新生人民政权,增强国家国防能力和社会动员能力而建构形成的政治—经济—社会一体化组织形态,作为"以

---

① [美]塞缪尔·P.亨廷顿:《变化社会中的政治秩序》,王冠华、刘为等译,沈宗美校,上海:上海人民出版社2017年版,第10—19页。

第五章　中华民族伟大复兴与共青团改革再出发

实现社会整合和扩充社会资源总量为目的的制度化组织形式"①，单位也是中国共产党推进大规模经济建设、应对各类风险挑战的基本单元。生产资料公有制是单位体制得以形成的物质基础，国家统分统筹的计划经济体制是单位体制得以有效运转的制度支撑，由此决定了政党领导社会建设的政治逻辑。在单位体制下，工会、妇联、共青团等群团组织构成支撑单位体制运行的政治要素，由于不存在自主性的社会结构，群团组织完全内嵌于政党组织体系之中，"在工厂内，以实现生产计划为中心，实行党政工团的统一领导"②。由此可见，计划经济时代的国家建设是以中国共产党对社会的全面整合控制以及对国家资源的集中统一配置来实现的，群团组织是基于政治逻辑而非社会逻辑来配合执政党完成上述任务的。此时的国家建设与达到"治理"的要求还相去甚远。社会发育不够充分，政党—社会—市场三者之间不能实现动态平衡。

改革开放后，执政党和政府主要从两方面来防范社会风险：一是建设以宪法和法律为核心的法治体系，使一切组织和个人都在宪法和法律框架内行动；二是逐步确立市场在资源配置中的决定性地位，通过推动国家推出和市场发展来培育现代社会，现代社会的生成彻底改变国家与个人通过单位制形成制度联结的传统模式，投资主体多元化孕育形成了新的社会结构，多元化的社会组织成为个人与国家形成制度性联结的新载体。中国社会的成长过程"较为清晰地呈现出一个从有限群体的无限结

---

① 刘建军：《单位中国——社会调控体系重构中的个人、组织与国家》，天津：天津人民出版社2000年版，第43页。
② 《毛泽东选集》(第5卷)，北京：人民出版社1977年版，第35-36页。

社到无限群体的受限结社的趋势",这"正是中国改革开放和市场经济发展所必然带来的公民权利的逐步确立和法治进程的逐步展开"[①]。

  法治中国建设与市场经济建设的双重运动推动了现代社会的成长,而现代社会与现代政府、现代市场、现代法治、现代政党等现代性要素共同构成当代中国政治—经济—社会结构的基本盘,故国家治理作为一项社会主义国家建设方略就呼之欲出了。治理话语是一个舶来品,它是西方国家市民社会高度发展的理论产物,是资产阶级统治当局为维护资本主义政治经济秩序而与市民社会达成妥协的结果,主张政治国家与市民社会不是对抗关系,而是合作伙伴关系,因此政府与社会组织、公民、企业、政党之间在国家建设和经济发展等公共议程中应当相互配合,避免内耗。因此,在西方治理理论中,各类治理主体在结构上是平行关系,这种平行关系有利于民主政治的发展,但同时也产生了"团结悖论",即形式上的民主伙伴难以掩盖社会利益集团化发展的趋势,不同利益集团之间相互竞争博弈,代表不同集团利益的党派团体在议会舞台上明争暗斗,造成西方代议制民主表面上的团结而实质上的对立,表面上的协作而实质上的竞争,表面上的运转而实质上的低效。

  中国则不同,中国国家治理不是对多元理性主义的现实展开,而是现代国家建构内生性演进的必然结果,是中国共产党领导社会主义国家建设的制度安排。习近平总书记指出:"国家治理体系是在党领导下管理国家的制度体系,包括经济、政治、

[①] 王名:《社会组织论纲》,北京:社会科学文献出版社2013年版,第56页。

第五章 中华民族伟大复兴与共青团改革再出发

文化、社会、生态文明和党的建设各领域体制机制、法律法规安排，也就是一整套紧密相连、相互协调的国家制度。"[1] 国家治理体系本质上是党管理国家的制度体系，制度要素具有依附性，必须依附于经济、政治、文化、社会、生态、政党等实体性要素而存在，也就是说，国家治理战略的提出是以上述实体性要素发育成熟、获得现代性规定为前提的；中国共产党依据科学社会主义原则对这些内生性演进积累形成的制度性要素进行优化重组，使之相互配合、紧密联结、有机统一，最终形成分工—协作基础上的专业化、规范化、制度化治国方案，使社会主义制度优势转化为国家治理绩效，国家治理包含推动制度体系现代化的价值取向。

中国国家治理体系遵循制度要素生成—重组—优化的建构逻辑，它以推进制度更新、完善制度体系、优化制度配置为内容，以实现制度形态完备性、科学性、有效性为目标。这种制度体系在国家政治—经济—社会良性有序运转的前提下是管用有效的，社会资源会按照制度体系的规范性要求和市场机制的竞争性原则合理高效配置。但是一旦发生突发风险性事件或重大公共危机事件，国家治理的建构逻辑与社会风险的解构逻辑就会出现巨大裂痕，国家治理的传统路径和一般性操作难以有效抵挡社会风险对国家秩序的破坏力，如果一味按照既有制度规范行事，则很可能贻误时机、错失良机，引发更大危机。这是因为，社会风险的发生机制与内在逻辑是非理性主义的，对

---

[1] 中共中央文献研究室：《习近平关于全面深化改革论述摘编》，北京：中央文献出版社2014年版，第24页。

其衍生、发展和大规模扩散路径以及本质和规律的认识需要付出较长的时间成本，这是既有制度资源难以提前预测的。"非典"事件和新冠疫情的暴发，尽管在类型上属于重大公共卫生风险事件，但深层次暴露出国家治理体系在应对全局性、突发性、公共性、国际性重大风险事件时缺乏敏锐的反应速率，如果风险来临依然按照既有制度规范要求按部就班行事，就会造成更大损失。正如习近平总书记在中央政治局常委会上指出："要针对这次疫情应对中暴露出来的短板和不足，健全国家应急管理体系，提高处置急难险重任务能力。"[①] 应对突发风险事件就必须梳理超常规思维，以超常规思维谋划国家应急管理体系布局，增强国家抗击风险能力，这是国家治理体系和治理能力现代化建设的重要任务。

（三）抗疫斗争中的中国共青团

共青团参与国家治理，并不意味着共青团在国家治理结构中方位、角色的转变，而是要求共青团能够将自身的组织优势与能力优势同国家治理的中心问题相衔接。突如其来的新冠疫情是对五年多来共青团改革成果的一次集中检阅。

新冠疫情是一场突发的重大公共卫生事件，病毒传播率高，扩散面大，加之疫情集中暴发于 2020 年元旦、春节期间，国内外关注度极高。2020 年 1 月 20 日，习近平总书记对疫情防控作出重要指示，标志着疫情防控阻击战全面打响。共青团及其所

[①] 《中共中央政治局常务委员会召开会议　研究加强新型冠状病毒感染的肺炎疫情防控工作》，《人民日报》2020 年 2 月 4 日，第 1 版。

第五章　中华民族伟大复兴与共青团改革再出发

联系的各级各类青年组织迅速行动，结合共青团组织和职能特点，迅速投入疫情防控阻击战。

第一，开展政治动员。政治动员是共青团青年工作的历史传统，具有表明态度、公开宣示、发出指令之意。2020年1月25日，团中央办公厅以"特急"文件发出《关于立即行动起来投身新型冠状病毒感染肺炎疫情防控工作的通知》，要求基层团组织服从所在地防控指挥部属地管理，对舆论引导、志愿服务、自我防护、应急值守作出部署。2020年1月31日，共青团中央发出《关于坚持党的领导，全团动员，在防控疫情阻击战中充分发挥共青团生力军和突击队作用的通知》，对共青团战线防控疫情作进一步动员部署，对共青团疫情防控行动的政治要求、组织作用、职能发挥、社会支持、舆论引导作进一步安排。

第二，成立指挥机构。2020年1月25日，团中央紧急成立疫情防控工作协调小组，由团中央第一书记任组长，团中央书记处有关同志任副组长，相关职能部门负责人作为成员。协调小组的主要任务是落实党中央关于疫情防控的决策部署，制订共青团疫情防控工作方案，协调解决地方共青团疫情防控有关事项，领导团中央机关疫情防控工作。

第三，发动社会力量。一是发动志愿者力量，青年志愿者组织是共青团青年工作所依赖的重要社会资源，是共青团参与国家治理的组织化机制。根据团中央动员令，中国青年志愿者协会提出六项原则：（1）属地管理原则；（2）本土化原则；（3）社区化原则；（4）组织化原则；（5）安全性原则；（6）正面引导原则。二是按照先进性、组织化、安全性原则组建防控疫情青年突击队，结合行业特点和专业优势，有针对性地整合社会力量，使共青

团的工作逻辑方式更加符合防控实际和现实需要。

第四，物质资源整合。物质资源整合是发动社会力量参与疫情防控的重要形式。共青团中央通过中国青少年发展基金会开展社会性应急物资筹集、筹款行动，为疫情防控提供物质帮助。

第五，社会情绪安抚。重大公共风险事件必然引发社会情绪波动，对风险处置和社会秩序构成干扰。共青团发挥思想政治工作优势，将网上引导与网下疏导结合起来，将政治叙事与青年叙事结合起来，利用12355青少年服务台向社会提供专业化心理咨询和防控建议；在微信公众号中设置疫情谣言粉碎机、患者同城查询平台等专栏，澄清真相，粉碎谣言；在团属主要新闻媒体刊发评论性文章，宣传解读党和国家疫情防控决策部署，增强同舟共济抗疫情的坚定信心；在共青团官方微信公众号持续发布青年医务工作者、青年志愿者、青年突击队、新兴领域青年抗击疫情的感人事迹，生动讲述抗击疫情阻击战中的青春故事。

（四）疫情大考与共青团治理能力建设

"居安思危"是中国古人治国理政的政治哲学，是对国家发展"变"与"不变"辩证法的深刻洞察。党的十八大以来，习近平总书记多次强调全党同志必须牢固树立底线意识，发扬斗争精神，增强斗争本领，这表明中国共产党清醒意识到国家建设的道路上还将有大量的风险和挑战，其中有相当一部分社会风险是意料之外、难以预测的，还有一些社会风险尽管能够预测防范，但需要付出巨大的社会成本和资源投入。共青团是中国共产党领导下的青年群团组织，也是联系广泛的非行政机

第五章 中华民族伟大复兴与共青团改革再出发

构,在应对突发重大风险事件中应走在前列,构建党政领导与青年参与的制度渠道。在应对新冠疫情中,共青团中央和各级共青团组织反应果断、行动迅速、部署有力,发掘社会资源存量,强化组织领导与舆论引导,完善专业化、安全性防控措施,共青团在疫情防控阻击战中作出了应有贡献,彰显了共青团围绕中心、服务大局的工作逻辑。

第一,科层化的政治动员与特殊状况下的紧迫性不相适应。共青团政治动员的手段主要是通过发布政治文件,在共青团组织框架内自上而下进行动员。这种政治动员模式与重大风险事件急速蔓延扩大的猛烈势头不相适应。尽管政治文件在团内公文运转系统中紧张制定,但对习惯于根据文件指示而采取行动的各级团组织来说,层级化的政治动员仍会耗费一定的时间。

第二,共青团基层组织建设的不平衡性较为突出。长期以来,共青团中央始终把学校共青团作为全团工作的重中之重,把学校共青团组织建设作为全团组织建设的战略基础,由此形成了全团抓学校的工作格局。学校共青团因学生而存在,青年学生是学校共青团工作的主力军。但是,一旦学生在寒暑假期间被分流,那么学校共青团的工作几乎就要陷入停滞。这种情况在本次疫情应对中较为突出。疫情发生在寒假期间,学校中的学生基本走空,在此情况下学校共青团的组织架构和运转体系基本靠少数专职团干部来维持,学校团组织在疫情防控中的作用除了向已离校学生发出防范提示、纪律要求和提出号召外,其他作用相对有限。而城市社区、行政村作为群防群控的基层堡垒,成为疫情防控的主战场,由于城市社区共青团和行政村共青团在全团工作体系中处于相对薄弱的环节,团组织动员能

力和可利用资源十分有限,造成城市社区、行政村共青团功能作用发挥受到限制。

第三,共青团专业化应对突发事件的能力相对薄弱。重大风险事件一般发生在防范意识和防控能力相对薄弱的环节和领域,比如,重大自然灾害、安全生产事故、经济运行和金融风险、突发公共卫生事件、大规模群体性事件等,这些事件的发生有其科学机理和内在规律,处理此类事件必须坚持科学精神和专业主义原则。共青团是一个长期从事政治工作的群团组织,在政治动员和思想政治教育方面形成了比较完整的工作体系和成熟的实操经验,但以科学精神和专业主义来应对突发公共事件时,暴露出专业化本领不足、能力体系发展不均衡等问题。当然,共青团能够利用自身的组织优势和动员体系在较短时间内组建青年志愿者队伍和青年突击队,为疫情防控提供一定社会支持和物资支援,但在疫情防控中主要还是基于日常工作的运转逻辑,在防控指挥部领导下在外围开展一些辅助性工作。

这些辅助性工作主要包括以下几方面。

首先,共青团要努力成为社会风险源的探照灯、警示器,这是共青团在国家治理体系中的一个重要定位。风险因素的积累与国家高速发展是同步的。风险顾名思义就是处于隐蔽状态的不稳定性因素,当社会政治—经济—文化—技术要素积蓄到一定程度,不稳定的社会风险因素就会突然爆发,因此如何准确锁定风险源,及时将社会风险抑制在萌芽状态是国家治理的重要课题。共青团是一个组织建制十分完整严密、组织成员规模巨大的群团组织,青少年群体是社会发展的"晴雨表"和"风向标",他们拥有敏锐的直觉、专业的知识、开放的理念、社会

第五章 中华民族伟大复兴与共青团改革再出发

的责任，在发现社会风险源，及时向社会发出预警方面具有得天独厚的优势。共青团应放大这一优势，加强共青团预防和发现社会风险的组织体系与职能体系建设，为党和政府抓住有利时机、科学作出决策提供支持。

其次，切实增强共青团抗击风险能力。风险时代将成为新常态，无处不在的潜在风险因素随时都可能爆发为大规模社会风险事件，增强共青团抗击风险能力迫在眉睫。这就要求共青团能够在风险来临时迅速从日常工作模式切换到战时工作模式，把战时工作模式的组织体系与运行机制提早建立起来。一是完善团内规章制度布局，研究起草共青团组织应对突发公共事件应急处置条例，从制度上明确共青团组织各层级、各部门、各条战线在社会风险来临时的职能作用和工作机制。二是建立战时工作体制，比如，在战时状态下，省级以下共青团组织直接纳入所在地方风险处置领导机制中开展工作。三是建立与处置化解重大风险相适应的临时工作体系，在战时状态下必须打破共青团科层化运行体系，根据工作需要重构组织机构，通过组织机构重构加强对人、财、物的集中统一调度，避免分兵交叉重叠作战，形成工作合力。

再次，加强共青团干部抗击重大社会风险的专业化能力建设。同重大社会风险作斗争，既是一个思想认识问题，更是一个素质能力问题，后者直接关乎这场重大斗争的最终结果。鉴于共青团工作职责和工作对象特点，共青团干部擅长做行政型、组织型、教育型、动员型、社会型工作，对于社会风险处置经验和能力水平相对不足，因此加强共青团干部抗击社会风险能力建设应成为共青团改革的重要内容。一方面，要从共青团干部教育培训入手提升共青团干部抗击社会风险的专业化素质能力,党校、团校要把社会风险教育纳入干部培训体系,在教学内容上既要传授防范风险之道,也要讲解应对风险之技;另一方面,加强共青团干部队伍的专业化、专家化建设水平,这里所说的专业化、专家化是指将掌握某一领域专业化知识和技能的青年优秀人才,通过专、兼、挂相结合方式适当扩大专业化、专家化青年人才在共青团干部体系中的比重,构建青年专业化社团与共青团之间的干部交流制度,确保专业化、专家化团干部队伍保持相对稳定。

最后,要把城市社区共青团和行政村共青团建设摆在更加突出的位置。国家治理的重点在基层,基层治理的基本单元是城市社区和行政村。学校共青团的工作阵地已经较为成熟,既有共青团长期重视学校工作的资源积累,也有各级政府和教育行政部门对学校工作的规范引导,共青团在继续坚守学校共青团工作战略高地的同时,要进一步优化资源配置,把工作重心向城市社区和行政村转移。因为一旦发生重大风险事件,城市社区和行政村将成为抵御风险向生活共同体蔓延的最后一道屏障,也是确保社会大局稳定和国家政治安全的最后一道堡垒,共青团必须把城市社区和行政村基层组织健全、建强,依托居民、村民生活共同体进行情感投资和社会治理,是共青团回归社会、践行群众工作路线的内在要求,是共青团改革的一项紧迫任务。

深化新时代共青团改革,必须直面共青团在国家治理体系中的结构方位与能力不足的矛盾,必须看到共青团在防范重大社会风险、应对重大突发危机事件、协助党和政府开展应急管

第五章　中华民族伟大复兴与共青团改革再出发

理中存在的短板和局限，在疫情防控阻击战中发现问题、创新思路、总结经验，不断增强共青团组织防范和抗击社会风险能力，使共青团在国家治理体系中发挥更大作用。

五、四梁八柱：共青团何以建章立制①

随着中国特色社会主义青年运动进入新时代，中国共青团也从价值确立、组织建构、资源整合阶段跃迁到制度形态整体建构与现代转型的新阶段。中国共青团制度体系日渐成熟定型，成为中国共产党全面领导制度在青年群众工作领域的具体化。

（一）青年工作制度的创立与意义

中国共产党建党后即刻面临组织性资源严重匮乏的问题。在西方工业国家，政治革命的组织性资源相当丰富，这是由资本主义大工业发展和工人阶级发育程度所决定的。在西方，工会是工人阶级的组织形态，是无产阶级政党团结工人阶级开展政治革命的组织性资源，在《哲学的贫困》以及《"科伦日报"论英国秩序》中，马克思指出工联可以作为工人抵抗资产阶级劳动霸权的联盟，是工人阶级维护自身工资利益的装置；恩格斯在《英国工人阶级状况》中对大工业促进工人阶级空间聚集和阶级意识的产生作出分析，指出工会是工人阶级进行政治经济抗争的组织载体②，因此工会被视为群众运动的"策源地","如

---

① 刘佳：《青年共同体建构的制度逻辑——兼论中国共产党青年工作制度体系的百年发展与政治启示》，《青年发展论坛》2021年第1期，第15-25页。
② 项佐涛、魏子杰：《作为工人运动副翼的工会——解读马克思和恩格斯的工会思想》，《当代世界社会主义问题》2020年第1期，第21-28页。

第五章 中华民族伟大复兴与共青团改革再出发

果要想有群众运动,那就只有先从工会着手"①。马克思、恩格斯的理论逻辑在近代中国不具有现实化的客观条件。近代中国社会组织性资源匮乏问题不仅直接关系中国革命的成败,也直接关乎中国共产党在多大程度上影响中国历史走向。

早期马克思主义者李大钊认为,近代中国社会问题有很多,也很复杂,但不能按照"各个击破"的路子来解决,而正确的态度和方法应该是将个别的问题上升为社会的总体性问题,使社会上能够解决该问题的人在共同的认识论和价值观统领下聚合在一起并形成政治阶级,形成解决该社会问题的广泛共识和集体行动;只有民众团结起来,获得关于马克思主义和科学社会主义的正确认识和理解,民众才能意识到自己就是国家解放的主体力量,此时国家的政治解放就将成为不可逆转的历史潮流。李大钊的观点是很有道理的,因为西方政治革命的经验表明,只有启蒙群众、组织群众才能避免在政治革命中孤军奋战,这是革命制胜的历史经验。组织性资源相对匮乏也可以被定义为"低组织化状态",具体体现为三方面。一是组织品质低劣,这主要表现为地方基层治理任务由士绅集团承担,而非由政府官僚直接介入;1905年,科举制废除以后,士绅集团迅速崩解,一部分乡绅转移到城市,留在乡村中的乡绅则变成"土豪劣绅",随着总体国家陷入无序,基层治理也再次陷入混乱状态。二是组织形态简陋,既不存在像西方社会那样的现代工会组织,并且行业组织集团化、自治性水平与市场准则、自由竞争原则相去甚远,一些行业组织被同乡组织覆盖或把持。三是

---

① 《马克思恩格斯论工会》,北京:工人出版社1958年版,第226页。

组织手段缺失，组织资源的开发和再生产能力极低，民国初年的"组党潮"就是最好的例子，这些政党名目繁多、形式多样，但绝大多数有名无实，成为近代中国政治史上的匆匆过客[①]。

面对这一情况，中国共产党成立伊始就把解决组织性资源匮乏问题作为中国革命的关键一步。党的一大通过的《中国共产党纲领》明确提出："我党采取苏维埃的形式，把工农劳动者和士兵组织起来，宣传共产主义，承认社会革命为我党的首要政策。"在社会动员和活动策略方面，提出可以根据职业特点，"工人、农民、士兵和学生的地方组织中党员人数多时，可派他们到其他地区去工作，但是一定要受地方执行委员会的严格监督"[②]。1922年中国社会主义青年团第一次全国代表大会召开，表明党解决组织性资源匮乏问题的思路又向前推进了一大步，即通过构建青年团组织来实现对青年群众的整合，这是一种不同于上述两种方案的"群团组织方案"，即政党直接生产社会性组织资源。

青年团作为中国共产党社会性组织资源生产的第一个组织形态，在很多方面与党保持一致。在政治价值上，秉承共产主义信仰和社会革命信念，"中国社会主义青年团为中国青年无产阶级的组织，即为完全解放无产阶级而奋斗的组织，换句话说，就是要建设一切生产工具收归公有和禁止不劳而食的初期共产

[①] 陈明明：《党治国家的理由、形态与限度——关于中国现代国家建设的一个讨论》，《复旦政治学评论》2009年第1期，第192—255页。

[②] 《中国共产党历次党章汇编（1921—2017）》，北京：中国方正出版社2019年版，第60—61页。

第五章　中华民族伟大复兴与共青团改革再出发

主义社会"①。在组织形态上,与共产党的组织设置策略和结构形态基本相似,行业建团与区域建团并重,组织外观呈现金字塔结构。青年团与党在政治价值、组织形态上具有相似性,一方面是因为青年团创建借鉴了苏俄列宁主义青年团的政治经验和组织模式;另一方面是因为青年团是在中国共产党直接领导和推动下创建而成的,可被视为党的组织体系在青年群众领域的进一步延伸,自成立伊始就是党的组织体系的构成要素。

(二)新时代团内规章制度体系的完善和发展

党的十八大以来,中国特色社会主义进入新时代,"意味着中国特色社会主义道路、理论、制度、文化不断发展"②。经过70多年长期积累特别是改革开放40多年的实践探索,中国特色社会主义进入从要素生成到系统整合、从体制机制建立到制度体系建构的新阶段。2013年,党的十八届三中全会提出全面深化改革的总目标,是坚持和发展中国特色社会主义制度,推进国家治理体系和治理能力现代化;2018年,党的十九届四中全会从13个方面系统阐述了中国特色社会主义制度优势,明确了新时代中国特色社会主义制度体系建设的方向和重点。党的青年工作制度是中国特色社会主义制度体系的重要组成部分,是党的全面领导原则在青年群众工作领域的具体展开和制度呈现,随着全面深化改革进程推进,党的青年工作制度体系在国家治理现代化大逻辑中获得新的结构形态。

---

① 胡献忠:《中国共青团历次全国代表大会概览》,北京:中国青年出版社2012年版,第9页。

② 《习近平谈治国理政》(第3卷),北京:外文出版社2020年版,第8页。

制度体系的革新是政治实践发展的客观反映和必然结果，考察新时代党的青年工作制度体系的建构逻辑，就必须回归到"历史深处"，把握党的青年工作改革发展的基本历程。这里作简要说明。党的十八大以来，以习近平同志为核心的党中央高度重视青年工作，2013年和2018年，习近平总书记出席了共青团第十七届、第十八届全国代表大会并同共青团中央新一届领导班子成员集体谈话，对做好新时代党的青年工作提出明确要求。每年五四期间，习近平总书记总会同青年代表交流座谈，给青年回信致信，寄语青年学子，对青年成长提出殷切期望。2015年，中共中央印发《关于加强和改进党的群团工作的意见》，并首次召开党的群团工作会议，对党的群团工作改革作出全面部署。2016年，由中央政治局常委会会议、中央全面深化改革领导小组会议、中央书记处办公会议分别审议，由中共中央办公厅印发《共青团中央改革方案》。2017年4月，中共中央国务院印发《中长期青年发展规划（2016—2025年）》，这是我国青年发展事业的重要里程碑，是党和政府在青年工作领域从理念到实践的一次深化与创新。2018年4月，中共中央办公厅、国务院办公厅印发《中央团校改革方案》，对青年干部培养、团校教育工作、青年研究等方面提出要求。在纪念五四运动100周年大会上，习近平总书记发表重要讲话，深刻阐述了新时代中国青年运动的主题、方向和使命，同年年底召开的党的十九届四中全会提出要健全党的群团工作体系。

随着党的青年工作体系日趋完善以及共青团改革全面推进，党的青年工作制度体系建构取得新突破。首先，团内规章体系建设加快推进。党的十八大以来，团中央对团章进行两次集中

第五章　中华民族伟大复兴与共青团改革再出发

修改，共青团规范性制度文件相继出台，以团章为核心，以准则、条例、规定、办法、细则等为主体，以决定、决议、意见、通知等为基础的团内规章制度体系初步形成[①]，为全面从严治团、科学建团、依规管团提供制度支撑。其次，建立落实青年发展规划部际联席会议机制。这是党中央为加强对青年发展和青年事务组织领导，增强共青团在青年工作领域的主导性而创设的一项工作机制。这项机制借鉴了"小组政治"原理和"联席会议制度"的政治实践，在《中长期青年发展规划（2016—2025年）》中首次提出"在党中央统一领导下，设立推动规划落实的部际联席会议机制，共青团中央具体承担协调、督促职责"。再次，完善学校思想政治理论课制度。思政课是党教育青年、引领青年的主渠道、主阵地，是落实立德树人根本任务的第一课程。党的十八大以后，学校思政课上升为青年思想政治引领的制度形态。2019年，中办、国办印发的《关于深化新时代学校思想政治理论课改革创新的若干意见》以及2020年中宣部教育部印发的《新时代学校思想政治理论课改革创新实施方案》，是新时代学校思政课制度化建设的两大标志性成果。最后，青少年法律体系建设取得新进展。2020年10月，《中华人民共和国未成年人保护法》迎来重大修改，修改后法律补齐制度短板，条文由原来的72条增加到132条，细化了监护人责任，增加了政府保护和网络保护内容，明确了未成年人保护的主责部门，针对家庭监护缺位和国家对家庭监护的支持、干预、替代作了

---

① 李春华：《中国共青团团内规章发展史论析》，《青年发展论坛》2020年第2期，第23—31页。

具体规定①。除此之外，有关青年就业、青年创业、青年公益、青年政治参与、青年文化建设等领域的体制机制不断健全，以实现青年全面发展为理念的党的青年工作体系实现整体性重构和现代性转型。

现代性转型是新时代中国共产党青年工作制度体系建构的时代特征。"青年发展本质上是一种制度性发展。"② 社会主义社会是以实现人的全面发展和社会全面进步为核心价值的新社会，解决发展不平衡不充分问题是全面深化改革、构建现代化国家治理体系的内在要求。进入新时代，党的青年工作制度体系建构在全面性、整体性、创新性等方面集中发力，推动党的青年工作制度体系现代性转型。"全面性"是指党的青年工作体制机制覆盖领域要全面，构建辐射不同行业领域、地区范围、职业分工、文化背景、民族身份、宗教信仰的青年工作体制机制；"整体性"是指党的青年工作制度体系是不可分割的有机整体，既有宏观层面的顶层设计，也有强有力的制度执行机制，增强制度执行力是党的青年工作制度建设的重点，在强基固本上下功夫，全面提升基层党委、政府和共青团组织青年工作专业化能力；"创新性"是指在把握青年成长发展基本规律的基础上，立足当前，着眼长远，推动党的青年工作制度体系变迁和跃升，填补青年工作领域制度空白点，对青年工作制度体系进行前瞻性谋划和设计。

---

① 宋英辉、刘铃悦:《〈未成年人保护法〉修订的基本思路和重点内容》，《中国青年社会科学》2020年第6期，第109-119页。
② 张良驯:《青年发展的制度因素研究》，《广东青年研究》2020年第1期，第70-77页。

第五章　中华民族伟大复兴与共青团改革再出发

（三）党管青年原则的制度表达

习近平总书记指出："代表广大青年，赢得广大青年，依靠广大青年，是我们党不断从胜利走向胜利的重要保证。"[①] 一个具有远见的政党，必然始终把青年工作牢牢掌握在自己手中。中国共产党始终高度重视青年和青年工作，把巩固党长期执政的青年群众基础作为治国理政的重要内容。中国共青团走过百年历程，在实践基础上形成了一系列制度安排和政治惯例。这是中国共产党领导青年工作百年历史的宝贵财富，是中国特色社会主义青年运动的最大特点和显著优势。中国共青团制度体系是一个庞大的制度结构，由一系列具体制度、体制机制、青年政策和法律法规构成，具体包括党领导青年工作的制度、青年思想政治引领制度、青年发展制度、政党青年组织制度、青少年权益维护法律体系、其他领域青年政策等。

党管青年原则是《中长期青年发展规划（2016—2025年）》首次提出的重大政治原则，从政治形态层面规定了中国共产党与青年的关系，这是对我们党领导青年运动和青年工作的深刻总结，是马克思主义青年观在当代中国的最新发展，是中国特色社会主义青年运动与西方青年社会运动的本质区别。党管青年原则既是政治原则，也是制度精神，它内在于中国共青团制度体系之中；党管青年原则是具体的，有制度规范、执行机制、组织载体，是做好新时代青年工作必须牢牢扣住的根本原则；

---

① 中共中央文献研究室：《习近平关于青少年和共青团工作论述摘编》，北京：中央文献出版社2017年版，第3页。

党管青年原则体现科学社会主义原则的基本精神,表明我们党对中国特色社会主义青年运动规律、当代中国青年发展规律、党的青年工作规律的认识进入一个崭新境界。

六、从严治团：共青团何以自我革命

现代政党政治发展的历史经验表明，政党组织规模与政党治理能力之间存在因果关联。政党组织规模越庞大，其对政党治理能力的要求也就越高。一个治理能力软弱的政党，是难以驾驭如此规模庞大的组织的。组织是"外形"，能力是"硬核"。作为中国共产党的助手和后备军，中国共青团经过一个世纪的发展，已经跃升为拥有组织成员最多、组织网络最复杂的世界最大政党青年组织，为中国共产党组织发展积累了庞大的后备力量。坚定不移推进从严治团，是中国共青团在组织规模扩大化、组织层级网络化、组织功能复合化趋势下依然能够坚守初心、牢记使命、紧跟党走的重要法宝。

（一）马克思主义政党群团组织发展的内在要求

政党在本质上是剑指政权的政治集团，其组织架构、制度体系和政治活动都是围绕政权而展开的。共产党是世界政党政治发展进程中形成的新型政党，在政治目标上，以实现劳动解放和阶级解放为使命；在理论上，以共产主义信仰和科学社会主义基本原则为思想旗帜；在实践上，以无产阶级政治革命和社会革命为行动战略；在利益上，除了无产阶级和人类的整体利益外没有自身的特殊利益。作为一种全新的政党类型，共产

党始终把人民视为历史发展的推动者、创造者,从群众中获得政治的支持和前进的动力。

1847年,经由马克思、恩格斯改造而成的共产主义者同盟是世界上第一个共产党。同盟成立初期,由于政党发展目标及政治实践方略与资本主义政治体制格格不入,同盟处于一种秘密状态。这种秘密状态带来两方面问题。一方面,要发展同盟组织就必须深入工人群众,以获得更多工人的同情和支持;另一方面,如果公开深入工人群众,同盟的活动就会被公之于众,同盟组织会暴露于资产阶级政府当局的眼皮下,这就要求同盟采取"迂回"策略,既要深入群众、发展盟员,也要避免组织暴露,确保同盟安全。为此,同盟采取在外围建立群众组织的方式,以群众组织(如工人俱乐部、读书会、互助社、兴趣团、通讯社等)为掩护,宣传同盟政治主张,联络工人阶级群众,扩大同盟组织影响。这就是共产党群团组织的最早前身。

由于此时同盟正处于秘密状态,同盟的外围组织也必须由在政治上可靠、在纪律上严明、在工作上负责的骨干盟员来主持,确保外围组织对同盟起到支持和掩护作用,而不是相反。这就意味着,主持外围组织工作的同盟骨干必须带头严格遵守同盟纪律,以"严"的精神领导和管理外围组织,使外围组织始终置于同盟领导之下。总而言之,"严"字当头是马克思主义政党及其外围组织在秘密状态下开展思想宣传、政治动员和组织外扩的必然要求,为组织存续和发展提供安全保障。

(二)全面从严治党与从严治团的一致性与差异性

深化新时代从严治团,一方面要以习近平总书记关于青年

第五章　中华民族伟大复兴与共青团改革再出发

工作重要思想，特别是关于共青团工作重要论述为基本遵循；另一方面要在全面从严治党的政治实践和历史经验中汲取智慧，把党中央要求与共青团特点结合起来，把政治性要求与社会性功能结合起来，把继承历史传统与解决当下问题结合起来，按照"共同但有差别"的原则推进从严治团各项工作。

1. 全面从严治党与从严治团的一致性

第一，在政治形态上，两者都属于马克思主义政党组织自我革命范畴。全面从严治党在本质上就是推进党的自我革命，增强党自我净化、自我完善、自我革新、自我提高能力，这是我们党最鲜明的政治品格和最大优势，是共产党同其他政党相区别的显著标志；共青团是马克思主义政党青年群团组织，是中国共产党的助手和后备军，是党员发展的"蓄水池"、先进青年的"大学校"、党的干部的"历练场"。列宁认为，共产党内部包含着组织性要素，共青团是党的组织体系的组成部分（因此共青团不设党组）和社会性延伸。这一重要定位意味着，从严治团在本质上属于全面从严治党的范畴，它是全面从严治党在党的青年工作领域的拓展和集中体现。正是因为将从严治团纳入全面从严治党范畴，才进一步有力彰显了从严治党的"全面性""无死角""全覆盖"特点。

第二，在问题导向上，两者都强调"靶向治疗"，集中力量解决组织面临的突出问题。2014年6月，习近平总书记在主持第十八届中央政治局第十六次集体学习时强调："当前，党的建设形势总体是好的，同时党建工作面临的难题不少，主要表现在四方面。一是社会多样化发展使人们思想多元化、复杂性的特征越来越明显，这必然增加党内统一思想的难度，我们党是一个大党，统一思想历来不易。二是尽管每个党员都编入一个党组织进行管理，也有严明的组织纪律规定，但就全党来说，一些党组织软弱涣散，一些党员、干部难以受到监督，队伍管理缺位、不到位情况不是个别。三是党员内存在大量思想问题和利益矛盾，有些矛盾涉及党员、干部多，同其他社会矛盾错综交织，协调处理难度很大。四是党内生活政治性、原则性在下降，自由主义、好人主义有所滋长，制度执行不严情况大量存在，很多制度只是摆设。"①

第三，在历史传统上，从严治理、"严"字当头都是党、团建设的一贯要求和根本方针。从严治党、从严治团不是"空穴来风"，不是"一时兴起"，它们是党、团加强自身建设，应对重大风险挑战，始终保持同人民群众血肉联系的内在要求，是马克思主义政党组织与生俱来的政治品格。先进性和纯洁性是马克思主义政党的本质属性，也是中国共青团的本质属性。确保党、团组织的先进性和纯洁性，就必须坚持"严"字当头，把严的要求贯穿管党治党、管团治团的全过程和各方面。习近平总书记指出："党和人民事业发展到什么阶段，全面从严治党就要跟进到什么阶段。"②党的十八大以来，党中央将全面从严治党纳入"四个全面"战略布局；十八届团中央书记处将从严治团作为新时代共青团"三力一度两保障"工作格局的重要内容。

---

① 中共中央党史和文献研究院：《习近平关于全面从严治党论述摘编》，北京：中央文献出版社2021年版，第7页。
② 中共中央文献研究室：《习近平关于全面从严治党论述摘编》，北京：中央文献出版社2016年版，第13页。

从严治党、从严治团在新的历史条件下被赋予新的政治功能和战略意涵。

第四，在实践方略上，全面从严治党与从严治团具有比较相近的实践要素和实践逻辑。两者都强调制度规范在从严治党、从严治团中的权威性、引领性、规范性作用，注重将党内法规制度体系和团内规章制度体系摆在突出位置；两者都强调将"抓关键少数"与"管绝大多数"统一起来，既要管住干部，也要管住组织成员；两者都强调要将巡视工作作为治党治团的重要抓手，实现政治巡视全覆盖；两者都强调治党、治团的长期性、艰巨性、全面性，针对不同时期党内、团内存在的突出问题，出台专门性工作方案；两者都强调把深化党、团组织体制机制改革作为一项长期性工程，把"治标"与"治本"结合起来。

2. 全面从严治党与从严治团的差异性

共青团是党领导下的青年群团组织，是协助党专门从事青年群众工作的专门性组织，具有政治性、先进性和群众性特征。鉴于共青团是"非党"组织，因此，全面从严治党的实践逻辑在很多方面与共青团存在差异。

一是战略定位差异。中国共产党领导是中国特色社会主义最本质特征和最大制度优势，党是领导一切的。全面从严治党是马克思主义政党推进自我革命的重要方式，是新时代中国共产党推进党的建设新的伟大工程的鲜明特点，是引领新的伟大社会革命的根本政治保证，是实现中华民族伟大复兴的战略工程。从严治团是全面从严治党在共青团系统的延伸和具体化，

是共青团加强自身建设，巩固"三力一度两保障"工作格局，夯实共青团组织发展政治基础与社会基础，构建新时代马克思主义政党青年群团组织的题中应有之义。

二是工作体系差异。政治组织的内部治理，要以必要的、专门化的工作体系为支撑。对政党来说，我们党在中央层面已经形成了中央纪律检查委员会（国家检查委员会）、中央巡视工作领导小组、中央党的建设工作领导小组等专门从事从严治党的领导机构和工作机构，这一套工作体系在地方和部门各级党组织中实现全面"复制"，全面从严治党的领导力、执行力以及权威性、约束性明显增强。共青团在工作体系建设方面相对比较薄弱，除1928年共青团五大在团章中设立团中央审查委员会外，没有再专门设立团内纪律审查和执纪问责专门机构，共青团从严治团工作职责主要是由团内党组织来承担的。

三是严的标准差异。全面从严治党，就是要守住中国共产党作为马克思主义先进政党、作为中国特色社会主义事业领导核心、作为中华人民共和国执政党的政治底线，因此全面从严治党要求"党纪严于国法""纪在法前"。《中国共产党纪律处分条例》从政治纪律、组织纪律、廉洁纪律、群众纪律、工作纪律、生活纪律六方面构筑党的纪律体系。共青团是青年组织，在从严治团、执纪问责时必须充分照顾团员青年实际特点，充分考虑共青团干部工作能力实际水平，注意区别对待。一方面，团干部本身就是党的干部，党的纪律对共青团干部同样适用；另一方面，对于普通共青团员应坚持为党育人的基本原则，以教育、管理、引导为主，强化政治关怀、生活关爱和情感关注。

四是领导体制差异。民主集中制是中国共产党的根本组织

第五章 中华民族伟大复兴与共青团改革再出发

原则,维护党中央权威和集中统一领导是全党必须遵守的政治纪律。这就意味着从严治党的政治要求可以通过各级党的组织层层传导到基层组织,形成以上率下、以下促上、上下结合的"全党抓治党"的生动格局。党中央集中统一领导体制是确保全面从严治党不留死角的根本保障。有别于此,地方共青团组织实行双重领导体制,即接受地方党委领导和上级团组织领导,且以党委领导为主。这就要求全面从严治团必须纳入地方党委工作议程,将从严治团作为地方党委对所属团组织党的建设考核、工作绩效评价和干部选拔任用的重要依据。

五是监督体系差异。中国共产党是执政党,全面从严治党具有维护国家政治安全的战略意味。为此,党中央注重完善党内监督体系,以党内监督带动其他方面监督,实现对所有共产党员和公职人员监督全覆盖;同时,畅通人民群众建言献策和批评监督渠道,发挥群众监督、舆论监督、政党监督、社会监督的综合监督优势,让权力在阳光下运行。共青团目前已经初步构建起以政党监督、团内监督为主体的监督体系,在青年监督、舆论监督、社会监督等方面仍有较大的创造性空间。

(三)全面从严治党引领从严治团实现新发展

从严治党是一种治党理念和治党实践,也是一种治党原则和治党精神。中国共产党自诞生之日起就把"严"字摆在了党的建设的突出位置,并逐步构建起从严治党的制度体系和工作体系。中国共青团自身建设汲取党的建设的成功经验、有益做法和制度资源,充分借鉴中国共产党从严治党实践经验和模式,逐步形成从严治团的工作架构。

建功新时代　中国共青团改革再出发

　　1922年党的二大制定了第一部党章，党章专设"纪律"章，提出凡党员犯下列各项之一者"必须开除之"："（一）言论行动有违背本党宣言章程及大会各执行委员会之决议案；（二）无故连续二次不到会；（三）欠缴党费三个月；（四）无故连续四个星期不为本党服务；（五）经中央执行委员会命令其停止出席、留党察看期满而不改悔；（六）泄露本党秘密。"1922年，青年团一大制定的团章单设"纪律"章，第二十二条规定"团员无故连续二次不到会或三个月不缴月费者，得由该地方执行委员会开除之"。1923年，青年团二大通过《中国社会主义青年团第一次修正章程》，修正案根据党的二大党章要求，进一步从严规定了团员纪律以及违纪后果，第三十条规定凡是团员违反下列任何一项者，必须开除之："1.言论行动有违背本团纲领章程及大会各执行委员会会议决议案者；2.无故连续三次不到会者；3.无故欠缴团费三个月者；4.无故连续两个月不为本团服务者；5.不守纪律，经各级执行委员会命令其停止出席留团察看期满而不悔改者；6.泄露本团秘密者。"

　　1927年，党的五大通过《第三次党章修正案》，第一次规定了党与青年团的关系，明确了党领导团的制度规范与基本方式。在修正案中，中共中央"为巩固党的一致及权威"专设监察委员会，监察委员会的设立进一步加强了从严治党的政治力量建设，使从严治党成为党的建设的一项专门性工作。党中央专设纪律监察机构直接推动了共青团中央组织机构组织改革。1928年，共青团五大强调"遵守严格的纪律，是每个团员及各级团部最高的义务"，为此团中央决定设立审查委员会以加强对团的纪律的检查，中央审查委员会由全国代表大会选举，监督会计处、财政统计及中央各机关工作。这表明，从严治团在团的建设中的战略性地位进一步提升，审查委员会是推进从严治团的重要政治主体。

1949年，新中国成立后，中国共产党从巩固人民民主专政政权的高度，加强党的自身建设，在党政机关中开展"三反"运动。为进一步推进从严治党，党的八大设立党的监察机关，明确党的各级监察委员会的选举方式、职责任务和工作形式。从1957年中国新民主主义青年团三大开始，团章将"团的纪律"相关内容归并到"团员"章中，强调对违反团的纪律或犯错误团员，应本着爱护的精神，从团结的愿望出发，进行批评和教育，帮助他们改过错误，情节严重者予以处分。这种调整进一步照顾到团员青年的实际特点，避免将党的纪律与治党方式原封不动照搬到共青团工作领域。这一传统延续至今。

党的十八大以来，以习近平同志为核心的党中央以政治建设为统领，推进全面从严治党取得历史性成就，党的先进性、纯洁性进一步增强，全面从严治党的四梁八柱基本形成。共青团事业是党的事业的重要组成部分，共青团建设是党的建设的重要方面。团中央以"强三性""去四化"为目标深化共青团组织改革；团的十八大将"从严治团"写入团章总则："要把严的标准、严的措施贯穿于从严治团全过程和各方面。坚持依规治团，建立健全团内规章制度体系。首先从团干部严起，重点加强对团的领导机关和领导干部的管理和监督，坚决反对机关化、行政化、贵族化、娱乐化倾向。按照增强政治性、时代性、原则性、战斗性的要求，加强和规范团内政治生活，发展积极健康的团内政治文化，营造风清气正的良好政治生态。"

由此可见，全面从严治党是中国共产党建党强党的主基调，治党能力是中国共产党政治能力的重要组成部分。作为党领导下的青年群团组织，中国共青团紧跟党的步伐，在团的百年历史中始终贯穿治团从严、管团从严的主旋律，始终把建设政治严明、纪律严明、作风严明的马克思主义政党青年群团组织作为团的建设的重大战略性任务，从严治团目标日益明晰，工作体系日臻健全，制度规范日趋完善，共青团全面从严治团的政治实践为群团组织全面加强自身建设、不断推进自我革命树立了标杆。

结束语
以青春之我创建青春之国家

  青年兴则国家兴，青年强则国家强。在庆祝中国共产党成立 100 周年大会上，习近平总书记用"先锋力量"来定义中国青年，号召中国青年以实现中华民族伟大复兴为己任，增强做中国人的志气、骨气、底气，不负时代，不负韶华，不负党和人民的殷切期望！全面建设社会主义现代化强国，必须充分发挥中国青年主力军、生力军作用，弘扬百年来中国青年运动的先锋传统，将共青团改革进行到底，用先锋力量开启强国时代。

  一个富有远见的政党，一定会把青年工作牢牢抓在手上。与西方政党不同，中国共产党对青年工作的深度投入与高度关注，不是为了"塞满票仓"，不是基于短期利益，其根本立脚点在于共产主义是现实性与未来性相统一的社会实践形态。马克思指出，共产主义是不断消灭现存状况的现实的运动，因此，共产主义必须在一代又一代青年的接续奋斗中才能实现，中国

建功新时代　中国共青团改革再出发

青年最终将接过民族复兴的接力棒。谁掌握了青年，谁就拥有未来。中国共产党致力于中华民族千秋伟业，青年是我们党开国建政的重要资源，也是我们党开启强国时代的战略支撑。1939年5月，在五四运动20周年纪念会上，毛泽东用"先锋队"来定义中国青年，中国青年是党领导的革命力量的一支重要方面军。新中国成立后特别是改革开放以来，中国青年在党的领导下奋发有为、昂扬奋斗、顽强拼搏，在各条战线、各个领域、各项事业中创造了突出业绩，涌现出一批又一批青年楷模和青年榜样，形成了青年突击队、青年志愿者等工作品牌，书写了壮美的青春华章。中国特色社会主义进入新时代，中国青年在脱贫攻坚中奉献青春年华，在抗击疫情中凝聚青春力量，在创新创业中彰显青春智慧，在小康征程中放飞青春理想。无论过去、现在还是未来，中国青年始终是实现中华民族伟大复兴的先锋力量！

组织起来与不怕牺牲是作为先锋力量的中国青年拥有的两大"政治基因"，这是中国共产党经由一系列政治实践机制所赋予的。一是意识形态机制。构筑青年政治认同、理论认同、情感认同的思想高地和工作阵地，创新马克思主义青年化传播路径和实施载体，让青年人读懂马克思主义、读懂中国特色社会主义。二是组织联动机制。构建以"少先队—共青团—共产党"为阶梯形结构的共产主义接班人培养的政治组织形态，形成以"共青团—学生会、研究生会""共青团—学生社团""共青团—青联"为伞状结构的青年组织网络，凝聚最大公约数，画出最大同心圆。三是青年发展机制。促进青年发展是国家发展的"优先项"，我们党积累形成了将青年价值引导与青年利益响应

结束语　以青春之我创建青春之国家

有机结合的青年工作方法论，构建了支撑青年发展的目标体系、政策框架、实施载体和监测体系。

青年是最活跃的社会力量，也是社会变迁的"晴雨表"，青年群体的价值选择和行动逻辑将在很大程度上决定一个国家和民族的未来走向，任何一个主政者都不应轻视和怠慢青年力量。优势是在比较中显现出来的。最近几年的国际经验表明，西方青年运动更多的是以一种"解构性"力量的角色出场，从占领华尔街运动到阿拉伯之春，从西亚、北非的颜色革命到法国的黄背心运动，青年人以集体行动的方式对政府当局施加压力，甚至以青年之力推翻现有政权。西方青年集体行动的解构逻辑，不仅不能解决日积深重的社会矛盾和问题，反而造成国家政治动荡和社会生活失序。反观中国，中国青年以先锋性角色在社会主义国家建设中发挥支撑性作用，为实现人民对美好生活的向往而不懈奋斗，为实现青春理想而奋勇拼搏。中国共产党将政党的先进性赋予青年，使中国青年获得与党同向同行的政治先进性，获得以人民为中心的价值先进性，获得奋进新时代的实践先进性，在中国共产党的引领和塑造下，中国青年由分散走向聚合，由个体走向共同体，深深融入党领导的伟大事业之中。为中国人民谋幸福、为中华民族谋复兴是中国共产党的初心使命，也是中国青年运动的初心使命。

中国共青团在党的领导下锻造了一代又一代先锋力量，在中华民族伟大复兴的历史画卷上书写了一个又一个奋斗故事。当代中国已经全面开启社会主义现代化国家建设新征程，新征程需要新青年，新青年需要新奋斗。共青团改革只有进行时，没有完成时，我们必须以必胜信念坚定不移深化共青团改革，

努力把中国共青团锻造成为走在时代前列、青年衷心拥护、始终朝气蓬勃的马克思主义青年群团组织。中国青年要继承先锋传统、弘扬先锋精神,在党的领导下,在团的引领下,以实现中华民族伟大复兴为己任,心怀"国之大者",不负时代,不负韶华,书写无愧于历史、无愧于国家、无愧于人民的青春华章。

后　记

2022 年，是中国共青团百年华诞。在这个重要时刻，我总想着写点什么，既是献给建团百年的一份薄礼，同时也是对我过去十年从事共青团研究的阶段性回顾和总结。

我是 2010 年进入共青团研究领域的，如今已经整整十年了。那时的我，还是一名大三学生，只不过在学习之余兼任校团委的学生干部，有机会接触到共青团的一些具体工作，从此便萌生了研究共青团的想法。2011 年，是建团 90 周年，我作为全国唯一一个大学生受邀参加团中央举办的庆祝建团 90 周年理论研讨会并作了交流发言，认识了共青团研究领域的一些前辈和师友，这是我迈向共青团研究的起点。在此后求学、工作的各个阶段，尽管学科专业、研究方向和工作领域等都有所变化，但对共青团的研究始终没有放下。2015 年，我在人民日报出版社出版了《新时期高校共青团青年工作理论与实践研究》，这是我在共青团研究领域的第一部著作，团中央书记处领导同志对这

本书给予了充分肯定，回信勉励我继续做好共青团研究。此后，我又相继出版了《高校共青团思想引领论纲》《现代国家建构视野下的共青团改革》（合著）等学术著作，产生了一定学术影响。随着研究的深化，我日益感觉到，随着党和国家事业的发展，随着共青团改革向纵深领域推进，一些关系到共青团工作基础性、根本性、战略性的重大理论问题将逐步浮现出来，共青团研究是党的青年事业的重要组成部分。

秉承这一信念，在最近几年中，我主要从三方面开展共青团研究。一是共青团思想引领研究。作为一个政治性色彩极为鲜明的组织，共青团是如何在思想上争取和赢得青年，是如何将党的意志和主张转化为青年认同的。二是共青团改革研究。共青团改革是全面深化改革的重要组成部分，是党的十八大以来共青团事业的鲜明特点。共青团改革既是一个老问题，也是一个新战略，如何在理论上深化对共青团改革价值意义、战略内涵、实践逻辑、基本规律的理解和认识，必然成为共青团研究不可绕过的问题。三是中国共产党领导青年运动的历史进程与基本经验研究。共青团是中国共产党的助手和后备军，在党的领导下将一代代中国青年锻造成为中华民族伟大复兴的先锋力量，蕴含在其中的实践经验和历史启迪极为珍贵。

我在不断深化研究的同时，还尝试将共青团研究纳入马克思主义理论学科体系中，强化共青团研究的马克思主义学科属性，创设了一些概念和术语，比如，"党性青年化""青年共同体""开放型政党青年组织"等，这些概念和术语可以作为共青团研究的理论分析工具，也算是我本人为推动构建中国特色社会主义青年工作理论体系和话语体系而作出的一种努力。

后 记

转眼间，十年过去了。中国共青团迎来她的百岁华诞，这是中国青年运动史上的一件大事，也是国际青年运动发展史上的一件大事。在这个重要时刻，我对过去十年的研究成果进行了全面回顾和总结，根据《中共中央关于党的百年奋斗重大成就和历史经验的决议》增添了一些新内容，形成了此书。其中，有些章节内容曾在《中国青年社会科学》《青年探索》《青年发展论坛》《北京青年研究》等期刊发表，在此向这些支持共青团研究的学术期刊和编辑表示感谢。

此书几易其稿，虽然尽可能力求通俗易懂，简明扼要，但由于学科视野所限，书中难免会融入某些学理层面的讨论，以及个人的主观性判断和言说。其中有些观点仍有待深入阐释，有些思想仍值得进一步推敲，有些道理还不一定会让所有人都深信不疑。书中若有表述不当之处，甚至失误，文责均由本人承担。我希望以此书为基础，另择他时，以"学理"方式对中国共青团进行新的书写和呈现，这是我始终挂念的事情。

在本书撰写过程中，我十年来求学的场景历历在目。北京航空航天大学马克思主义学院院长赵义良教授是带我进入马克思主义理论学科的引路人，他传授给我的思想方法和研究方法受用终身；北京航空航天大学马克思主义学院党委书记高宁教授在共青团研究方面给予我极大支持和鼓励；复旦大学马克思主义学院李冉院长在我读博士期间给予了我无微不至的指导，让我读懂如何作出真学问；团中央青运史档案馆馆长胡献忠研究员对本书做了全文审读，并提出了宝贵的修改意见，让本书增色不少。首都高校党建研究基地对本书的出版给予了很大的支持和帮助。人民日报出版社编辑对本书进行了精细的审读，并给出了宝贵的修改意见,在此一并表示感谢。

新征程的号角已经吹响,中国共青团重整行装再出发。而共青团研究作为我人生事业的组成部分,只是序章。

刘　佳

2022 年 2 月 8 日

于北京什刹海